Mgr FUZET

PÉTRARQUE

à Vaucluse

ROUEN

Librairie G. Cacheux

41, RUE DE LA GROSSE-HORLOGE, 41

1904

PÉTRARQUE

à Vaucluse

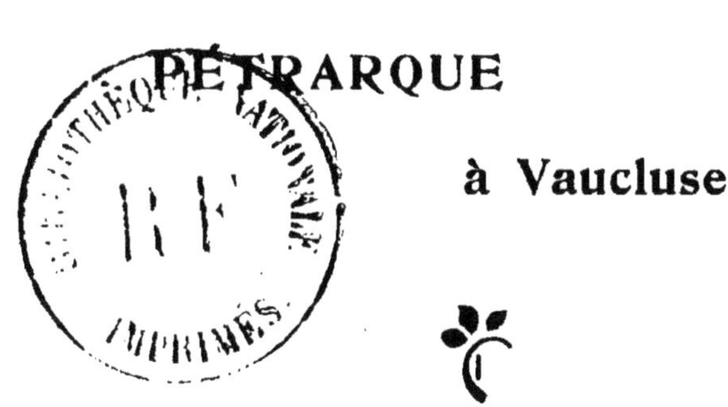

Mgr FUZET

PÉTRARQUE à Vaucluse

ROUEN

Librairie G. Cacheux

41, RUE DE LA GROSSE-HORLOGE, 41

1904

Avant-Propos

Il y a trente ans passés, j'écrivis dans la Revue de Marseille et de Provence *quelques articles sur le séjour de Pétrarque à Vaucluse.*

Je n'avais pas eu la prétention de faire une étude d'érudition et de critique. Je m'étais borné à recueillir dans la correspondance et les œuvres de Pétrarque les descriptions d'un site cher à la Provence, et les détails de l'existence solitaire que l'illustre Toscan y mena pendant de longues années.

Au moment où Avignon, toujours fidèle à la mémoire du grand poète italien, s'apprête à célébrer le sixième centenaire de sa naissance, on m'a demandé de publier en volume ce modeste travail.

1.

J'ai cru devoir répondre à ce désir.

Dans la préface de mon ouvrage Pétrarque, Ses Voyages, Ses Amis, Sa Vie chrétienne, *je m'excusais d'avoir consacré à sa composition les loisirs que me laissait le ministère pastoral d'une humble paroisse de campagne, et j'alléguais l'exemple de Boccadelli, auteur d'une vie de Pétrarque, dont il avait rassemblé les matériaux pendant ses nonciatures, et qu'il écrivit lorsqu'il fut devenu archevêque de Raguse; je citais aussi l'exemple de Thomasi, à qui Urbain VIII donna l'évêché de Cittanova en récompense de son* Petrarcha Redivivus.

Ces précédents, qui me rassuraient alors, ne m'auraient pas déterminé aujourd'hui. Au milieu des graves soucis dont l'heure présente accable les évêques, je me ferais un scrupule d'employer à des œuvres purement littéraires un temps que réclament les plus hauts intérêts de la religion et de la patrie.

Mais la publication qu'on m'a demandée, ne m'a pris que quelques instants pour relire les

articles oubliés de la Revue marseillaise, et
d'ailleurs, je n'ai pu résister à la joie si douce,
quand on vieillit, de faire revivre des souvenirs
de jeunesse, et les jours heureux qu'ils
nous rappellent.

Rouen, 25 mai 1904.

PÉTRARQUE

à Vaucluse

C'est le privilège des grandes âmes et des beaux sites d'exercer une impérissable attraction. Voilà des siècles que la poésie, l'histoire, la critique ont choisi Pétrarque pour objet de leurs chants, de leurs récits, de leurs études ; et voilà des siècles que les touristes ont pris Vaucluse pour but de pèlerinage. Comme bien d'autres, nous avons visité la source de la Sorgue ; comme bien d'autres, nous avons aussi cherché à tracer le tableau fidèle de l'existence que mena sur ses bords l'hôte

immortel dont la gloire les a consacrés. C'est
ce tableau que nous donnons aujourd'hui.
Peut-être ne sera-t-il pas dépourvu de tout
intérêt ; peut-être, à défaut de brillantes couleurs, aura-t-il, en quelques endroits, l'attrait
de la nouveauté. Une patiente lecture des
œuvres de Pétrarque et de ses lettres, dont un
éditeur florentin, M. Fracassetti, a entrepris
une édition augmentée de documents inédits,
nous a révélé plus d'un trait qui manquait à
la physionomie du grand poète, et nous a permis de rectifier plus d'un coup de pinceau qui
l'altérait. Nous avons encore trouvé dans ces
œuvres et dans ces lettres des détails des-
criptifs jusqu'ici dédaignés, et dignes cependant
d'attention, parce qu'ils reproduisent le site de
la célèbre fontaine avec un éclat et une justesse
qui n'ont pas été surpassés. On y sent le souffle
du solitaire illustre que les chagrins de l'amour
terrestre amenèrent à Vaucluse et qu'y retinrent
les plaisirs des champs, les charmes de l'étude,
les attraits de l'amitié, les austères douceurs de
l'amour divin et de la pénitence chrétienne.

I

Pétrarque fut séduit de bonne heure par
« l'étrange beauté » de Vaucluse. Ecrivant
dans sa vieillesse à Gui Settimo, son ami
d'enfance devenu archevêque de Gênes, il lui
rappelait les doux souvenirs des quatre ans
(1315-1319) qu'ils avaient passés ensemble à
Carpentras, à l'école de Convennole ; et il
ajoutait :

« Dans le matin de notre vie qui s'épa-
« nouissait, mon père et ton oncle — ils avaient
« alors l'âge que nous avons aujourd'hui —
« vinrent nous voir à Carpentras. Ton oncle,
« étranger dans le pays, attiré par la proximité
« du site, voulut visiter la source fameuse de
« la Sorgue, cette source célèbre autrefois par
« sa seule beauté, plus célèbre depuis par mon
« long séjour et par mes chants. Il est bien
« permis de se glorifier un peu avec son ami,
« c'est-à-dire avec soi-même. Ce projet

« d'excursion connu, nous n'eûmes pas de repos
« que nous ne fissions partie de la caravane.
« Comme nous étions trop mauvais cavaliers,
« on nous donna à chacun un domestique
« pour diriger notre cheval ; nous montâmes
« en croupe. Ma mère, la meilleure des mères
« que j'aie connues, mienne par le sang et
« tienne aussi par l'affection, car elle t'aimait
« comme son fils, ma mère se laissa fléchir ;
« pleine d'une inquiète sollicitude, elle nous
« fit beaucoup de recommandations et nous
« partîmes. Arrivés à la source, je m'en sou-
« viens comme si c'était aujourd'hui, frappé
« de l'étrange beauté de cette solitude, je me
« dis, au milieu de mes juvéniles émotions :
« Voilà un site fait pour moi ; un jour, si Dieu
« le permet, je le préférerai aux grandes
« villes [1]. »

Les leçons de droit, peu goûtées d'ailleurs,
des maîtres de Montpellier et de Bologne ;

------

[1] *Senil.*, X, 1.

l'étude profonde de la philosophie, de l'histoire
et de la poésie ; les difficultés de la vie réelle
qui, à son retour de l'Université italienne,
l'assaillirent dans le Comtat ; l'ardente pour-
suite de la science, l'enivrement des premiers
applaudissements du monde et les tourments
d'une grande passion, n'effacèrent point dans
l'âme de Pétrarque cette impression de son
adolescence. L'année même (1327) de sa rencontre avec Laure dans l'église de Sainte-
Claire, à Avignon, rencontre qui changea si
brusquement et si entièrement sa destinée,
avant son voyage à Lombez, rebuté par celle
qui lui avait ravi son cœur, inquiété par de
vifs remords de conscience, poussé par un
impérieux besoin d'ombre et de mystère, il
venait à Vaucluse « ne trouvant pas d'autre
« abri pour se dérober à l'attention manifeste
« des hommes ; car toute trace de gaieté étant
« effacée en lui, on lisait de dehors la passion
« qui le dominait au dedans [1] ».

---

[1] *Sonnet 27.*

A son retour de Lombez (1330), où il avait accompagné l'évêque récemment nommé de cette ville, son ami Jacques Colonna, Pétrarque s'abandonna à tous les entraînements de son imagination, car sa vive affection pour Laure demeura, comme on sait, toujours platonique. Cependant il allait encore quelquefois demander aux ombrages de son cher vallon de calmer les ardeurs qui le dévoraient. Mais la poésie de ces eaux, de ces bois, de ces rochers semblait leur communiquer une activité nouvelle. Pétrarque cherche alors dans l'absence et l'éloignement un secours plus efficace. Dans l'espoir de briser sa chaîne, il entreprend de longs voyages [1]. Il visite Paris, les Flandres, les bords du Rhin, puis il part pour Rome, parcourt les côtes de l'Espagne, traverse le détroit de Gibraltar et remonte par l'Océan jusqu'en Angleterre. « La dure nécessité » ramena Pétrarque à Avignon [2].

[1] *De Contemptu mundi*, 3.
[2] *Epistolæ de rebus familiaribus*, lib. III, ep. 2.

C'était vers la fin d'août 1337. A peine fut-il
arrivé, qu'il s'enferma dans la solitude de Vaucluse. Nous trouvons dans une lettre en vers
latins adressée à Jacques Colonna le motif de
ses voyages et la cause de cette retraite qui les
termine. Il écrit à son ami :

« Sans aucun artifice, par son aimable sim-
« plicité, par sa douce et incomparable beauté,
« Laure m'avait captivé. Pendant dix ans
« j'avais porté ma chaîne et j'en sentais tout le
« poids. J'appelais la mort, je n'avais plus la
« force de porter mes membres desséchés,
« lorsque l'amour de la liberté s'empara de
« mon âme malheureuse. J'essayai alors de
« donner d'autres passions à mon cœur et
« m'efforçai de secouer mon joug. C'est un
« difficile travail que de chasser l'image d'une
« femme dont on a subi l'empire pendant dix
« ans, que de lutter contre un ennemi tout-
« puissant avec des forces épuisées. Cette lutte,
« je l'abordai; Dieu seconda mes efforts, il me
« donna de dénouer le lien qui me tenait pri-
« sonnier et de sortir victorieux du combat.

« Blessée dans son amour-propre, *elle* ressai-
« sit son esclave transfuge. Ses plaintes, ses
« regards, ses colères même, tout lui servit
« d'armes invincibles. Hélas ! elle m'arrêta.
« Que faire donc, par quelles ruses lui·échap-
« per ? Elle m'enchaînera de nouveau et me
« tiendra dans une captivité plus étroite. Je
« fuis cependant ; j'erre dans le monde entier.
« Je me suis frayé·un chemin à travers la
« mer Adriatique et la mer de Toscane ; je
« n'ai pas craint de confier ma tête délivrée du
« joug à une frêle barque. Que m'importait
« une mort précoce ! J'étais brisé par la souf-
« france et la vie m'était à charge.

« Je dirige ma course vers le couchant. Les
« Pyrénées me voient un instant caché à leurs
« pieds dans un nid de verdure. L'Océan m'a
« vu sur les rivages de l'Hespérie, où le soleil
« fatigué de sa course plonge dans les eaux
« son char embrasé, et, frappant de ses rayons
« de gigantesques rochers, projette une ombre
« immense qui couvre avant l'heure le pays
« des Maures des ténèbres de la nuit. De là, je

« gagne le Nord et le pays des Barbares. Je
« m'en vais seul sur les bords escarpés que
« rongent en frémissant les flots noirs de la
« mer Britannique ; il ne me restait plus
« d'autres contrées à voir que les déserts brû-
« lés par le soleil et peuplés de bêtes féroces,
« l'Ethiopie et ses lions, l'Equateur et ses
« neiges, la source du Nil toujours ignorée et
« toujours cherchée. Cependant mes passions
« se calmèrent, le sommeil revint fermer mes
« yeux pleins de larmes, le sourire brilla sur
« mes lèvres, d'où il avait fui. Déjà l'image de
« celle que j'avais abandonnée se présentait
« plus rarement à mon imagination et ne me
« causait plus qu'une émotion attiédie. Hélas !
« hélas ! le dirai-je ? Mais vous m'y forcez. Je
« croyais mes blessures guéries ; je ne redou-
« tais plus les traits de mon fol amour. Je me
« suis laissé tromper par une légère cicatrice
« et une paix momentanée. Je lève ma tente et
« je reviens : j'allais à une défaite assurée.
« Ainsi me poursuit un impie destin, ainsi me
« poursuit mon égarement. A peine ai-je été de

« retour dans la ville de Laure, que la foule
« des chagrins a envahi mon cœur ; j'étais
« repris par mon mal d'autrefois. Comment
« vous dirai-je l'amertume de ces secondes
« larmes ? Qui le croirait ? Tout l'art de la
« poésie est impuissant à l'exprimer. Souvent
« j'ai été sur le point de me porter aux plus
« graves extrémités. A travers quelles douleurs
« je dois chercher encore à recouvrer ma
« liberté !.... Pour la troisième fois adresse-
« rai-je à Dieu irrité des vœux inutiles ? Suspen-
« drai-je dans un sanctuaire, comme un pèlerin
« suppliant, la moitié de ma rame brisée, un
« lambeau de ma robe ruisselante ? Tandis
« que j'étais dans ces alarmes et que je roulais
« ces tristes pensées, j'ai vu de loin ce rocher
« sur le rivage solitaire de Vaucluse. J'ai
« pensé que je pouvais m'y sauver du naufrage
« et c'est là que j'ai abordé. »

Les premiers jours de cette retraite furent
douloureux. « Retiré aujourd'hui dans ces
« montagnes, poursuit Pétrarque, je réfléchis
« en pleurant sur mon passé. Toutefois, Laure

« me poursuit sans cesse et revendique ses
« droits. Tantôt elle m'apparaît en plein jour,
« tantôt elle trouble de vaines terreurs mon
« léger sommeil. Souvent, ô étrange mystère !
« quand je suis enfermé dans ma chambre, la
« porte bien close, elle y pénètre ; elle demande
« avec autorité son esclave. Mes membres se
« glacent, mon sang se précipite par toutes
« mes veines vers mon cœur, comme pour le
« défendre. Si on approchait alors une lampe
« de mon visage, on le trouverait horriblement
« pâle. Bien d'autres fantômes m'épouvantent
« encore. Je verse des torrents de larmes,
« j'abandonne ma couche. Aux premières
« blancheurs de l'aube, je fuis ma demeure, où
« tout me fait peur, je vais sur la montagne,
« au milieu des bois, où j'espère trouver le
« repos. Mais non ! Même dans les sentiers
« perdus de la forêt, quand je crois être seul,
« je la vois dans l'ombre tremblante des
« hautes fougères, derrière le tronc des chênes ;
« il me semble qu'elle surgit des eaux lim-
« pides de la fontaine, qu'elle descend du

« nuage qui passe, qu'elle traverse les airs,
« qu'elle sort des rochers entr'ouverts. Ces
« visions m'effrayent; je reste immobile. Voilà
« les pièges que l'amour me tend. Je n'ai plus
« d'espérance qu'en Dieu : lui seul peut me
« soustraire à cette tempête qui me brise, et,
« après m'avoir délivré, lui seul peut me don-
« ner la paix au moins dans cette sauvage
« solitude[1]. »

Pétrarque n'était pas encore assez profondément touché par cette main céleste et mystérieuse que les théologiens appellent la grâce,
pour chercher la paix en Dieu seul. Dans cette
première retraite, sur les bords de la Sorgue,
il ne la demande guère qu'à la nature, à l'étude
et à l'amitié.

Toutes les âmes tendres éprouvent les
charmes reposants d'un beau site. C'est dans
le silence des bois, au milieu des parfums des
champs, des murmures des eaux qu'elles

[1] *Carmen,* I, 7.

trouvent le calme. Plongées dans les douces harmonies de la création, elles sentent leurs ardeurs s'épurer, et monter plus droites et plus vives vers l'idéal.

Or, quel site plus beau que celui de Vaucluse, de ce vallon dont les flancs couverts autrefois de chênes, de pins, de troènes, déboisés aujourd'hui, se rétrécissent peu à peu et aboutissent à un immense rocher, taillé à pic, dont la cime rougeâtre se détache sur le ciel toujours bleu de la Provence, tandis que ses pieds plongent dans le gouffre, où la Sorgue, tantôt agite ses flots mugissants qu'elle rejette avec fracas, tantôt se repose limpide comme une émeraude dans une coupe d'or ! Quel silence plus profond que celui de ces bois s'étendant jusqu'aux Alpines, qui montrent au loin leurs crêtes azurées derrière un rideau de verdure, dont les teintes s'éclaircissent à mesure qu'il s'abaisse vers la plaine ! Quel murmure plus doux que celui de ces eaux d'une transparence sans rivale dans le monde ! Quels parfums plus suaves que ceux qui s'élèvent de ces collines tapissées, suivant les saisons, de violettes, de buis, de lavandes, de thym et de genêts en fleurs ; de ces prairies toujours vertes où serpente la Sorgue, de cette plaine riante et merveilleusement fertile qui s'étend à droite, du mont Ventoux étincelant de neige, et à gauche, des monts Luberon couverts de leur sombre et impénétrable forêt, jusqu'aux monticules que couronnent les ruines du château féodal de Gadagne, et de là jusqu'à Avignon et au Rhône ! Aussi comme Pétrarque, après le déchirement de la première heure, se plaît dans cette vallée qui l'avait ravi tout enfant, où il était venu s'abriter dans les orages de son cœur, et où il venait maintenant chercher le repos nécessaire aux derniers tourments d'une passion qui s'apaise, à la lassitude d'une jeunesse violemment agitée, et aux fortes études auxquelles l'âge mûr veut demander une gloire solide.

Dès qu'il fut installé avec ses livres, dans sa petite maison, sur les bords de la Sorgue, à l'ombre du château seigneurial des évêques de

Cavaillon, Pétrarque écrivit à Jean de Saint-
Vit, le compagnon de ses promenades à travers
les ruines de Rome :

« Si vous voulez me voir, voici votre itiné-
« raire : de votre villa de Tibur vous descen-
« dez jusqu'à Rome où vous vous embarquez
« sur le Tibre pour Ostie. De là vous vous
« rendez à Marseille, et vous arriverez jusqu'à
« Arles, en suivant le cours du Rhône à tra-
« vers des marais et une vaste plaine pierreuse.
« Peu après vous trouverez Avignon, ville
« sale et triste, assise sur un rocher ; en remon-
« tant toujours le Rhône, à trois mille pas
« environ de la nouvelle capitale du monde
« chrétien, vous verrez les eaux argentées
« d'une rivière se mêler aux flots troubles du
« grand fleuve : c'est la Sorgue. Vous suivrez
« alors son cours pendant quinze milles à
« peu près, et vous vous trouverez en présence
« de la source incomparable du plus limpide
« des fleuves, et d'une immense roche, qui
« domine la caverne d'où il jaillit, et qui
« empêche d'aller plus loin. Ce serait d'ailleurs

« inutile, car vous me trouverez là, à droite
« de la fontaine. Loin de l'Italie, où pourrais-
« je vivre plus tranquille ? Vous me trouverez
« content de mes jardins, petits mais ombreux,
« et d'une maisonnette qui me paraîtra plus
« étroite encore lorsqu'elle recevra un si grand
« hôte. Vous trouverez votre ami en bonne
« santé, ne manquant de rien et n'attendant
« aucune faveur de la fortune. Du matin au
« soir, il erre dans la campagne, dans les
« bois, sur le bord des eaux, fuyant la trace
« des hommes ; il aime les sentiers déserts,
« les ombrages, les antres humides de rosée,
« les prairies aux hautes herbes; il exècre les
« soucis de la cour ; il évite le tumulte des
« villes et ne foule jamais le seuil des grands.
« Il rit des sollicitudes du vulgaire ; il se tient
« à égale distance de la tristesse et de la joie ;
« il se complaît dans le commerce des muses,
« dans le chant des oiseaux, dans le murmure
« de la rivière ; il a peu de serviteurs, mais
« beaucoup de livres. Tantôt il reste dans sa
« demeure, tantôt il va s'asseoir sur le rivage

« plaintif ou s'étendre sur le gazon. Et ce qui
« n'est pas la moindre de mes consolations,
« ma solitude n'est troublée, de loin en loin,
« que par quelques rares visiteurs [1]. »

Plus tard, Pétrarque vivra à Vaucluse en
pénitent, et nous trouverons dans ses lettres
les détails d'une existence austère et sanctifiée
qu'on a tort de placer à cette époque de sa vie.
Il n'a pas encore le courage, dont lui fait honneur M. Mézières, « de rompre des relations
« qui lui étaient chères, de renoncer au com-
« merce de ses amis, aux agréments d'une
« société choisie, aux succès qu'y obtenait sa
« personne autant que ses vers [2] ». Dans cette
première retraite, Pétrarque vécut en poète qui
voudrait briser son joug, mais qui n'en a pas
la force, qui le chante encore tout en le maudissant. Il a consigné cet état de son âme dans
une lettre adressée au Père Denis de Borgo

----

[1] *Famil.*, VI, 3.

[2] *Pétrarque, Etudes d'après de nouveaux documents,*
par Mézières, p. 85.

San-Sepolcro, où il décrit son ascension au
mont Ventoux :

« ... Nous sommes arrivés à la tombée de la
« nuit à Malaucène, située au pied de la mon-
« tagne du côté du nord. Nous y avons pris
« un jour de repos, et ce matin, suivis de deux
« domestiques, nous avons fait notre ascen-
« sion. Nous avons eu beaucoup de peine, car
« cette masse de rochers est presque inacces-
« sible, tant elle est escarpée. Mais le poète l'a
« dit avec raison : *Un travail opiniâtre vient à
« bout de tout.* Si la nature des lieux était
« contre nous, nous avions pour nous un long
« jour de printemps, un air doux et serein,
« l'ardeur, le courage, l'agilité. Dans un pli de
« la montagne nous avons rencontré un vieux
« berger qui voulait, par toute sorte de rai-
« sons, nous détourner de notre projet. Il
« nous a dit qu'il avait gravi la montagne jus-
« qu'à ses plus hauts sommets, il y a cin-
« quante ans, avec notre élan juvénile ; qu'il
« n'avait rapporté de là-haut que des regrets,

« de la fatigue, des membres et des habits
« déchirés par les rochers et les buissons épi-
« neux ; que depuis ce temps, et même avant,
« on n'avait pas entendu raconter que quel-
« qu'un eût osé renouveler cette folie. Les
« jeunes gens ne sont pas dociles aux repré-
« sentations. A mesure que le berger, avec sa
« voix aigre et sauvage, nous conseillait
« de retourner, notre désir d'aller en avant
« augmentait, excité par le plaisir de vaincre
« les obstacles dont on voulait nous effrayer.
« Dès que le vieillard a vu qu'il ne nous avait
« point persuadés, il s'est avancé un peu au
« milieu des rochers et nous a montré de la
« main un sentier escarpé, accompagnant son
« geste de recommandations qu'il murmu-
« rait encore tandis que nous étions déjà loin.
« Nous lui avons laissé tout ce qui pouvait
« nous embarrasser. Seuls désormais, nous
« montons, nous allons avec entrain. Mais la
« lassitude a coutume de suivre un effort
« vigoureux. Nous nous sommes reposés sur
« une roche voisine, après quoi nous avons

« repris notre marche plus lentement, moi
« surtout. Je cheminais à petits pas sur les
« flancs de la montagne. Mon frère avait pris
« un raccourci ; courant sur la cime des rocs,
« il montait rapidement. Je descendais, au
« contraire, d'un pas nonchalant. Il m'appelait
« en me montrant un sentier plus direct, et je
« lui répondais que j'espérais trouver de
« l'autre côté de la montagne un passage plus
« aisé, et que je ne redoutais pas un chemin
« plus long, mais plus doux. Je colorais de ce
« prétexte ma lâcheté. Mes compagnons attei-
« gnaient les hauteurs, et j'errais encore par
« les ravins. Je ne trouvais pas le passage
« désiré ; au contraire, le sentier se redressait,
« et mes recherches inutiles augmentaient ma
« fatigue.

« Ennuyé de mes tâtonnements, j'ai pris la
« résolution d'aller droit devant moi. Après
« avoir rejoint mon frère, qu'une longue halte
« avait reposé, j'ai marché quelque temps à ses
« côtés tout essoufflé. A peine avions-nous
« dépassé le premier plan de collines, qu'ou-

« bliant mon premier circuit, je me suis mis à
« descendre de nouveau au fond des vallons
« où, après avoir longtemps marché aisément,
« je me suis trouvé dans une impasse. Je vou-
« lais m'épargner la fatigue de la montée ; mais
« l'homme ne peut pas changer les lois de la
« nature et faire qu'un corps s'élève en des-
« cendant. Que dirai-je ? En quelques heures,
« je me suis ainsi égaré trois fois et même plus : je
« m'en indignais, mon frère en riait. Je me
« suis assis dans un ravin, et là, passant avec
« la rapidité de la pensée des choses visibles
« aux choses invisibles, je me disais en moi-
« même : « Ce que tu as éprouvé plusieurs
» fois aujourd'hui dans l'ascension de cette
» montagne, est arrivé, sache-le, à toi et à tous
» ceux qui montent vers la vie bienheureuse.
» Les hommes, plus attentifs aux mouve-
» ments de leur corps, qu'aux mouvements
» secrets de leur âme, ne s'en aperçoivent pas.
» Oui, la vie bienheureuse est dans un lieu
» élevé ; étroite, comme il est écrit, est la voie
» qui y mène ; il y a bien des collines éche-

» lonnées à gravir ; il faut aller de vertu en
» vertu, brillants degrés par lesquels on arrive
» aux cimes célestes où est la fin de toutes
» choses, le terme de l'existence et le but de
» notre pèlerinage. Tout le monde veut par-
» venir là-haut, mais, comme dit le poète,
» *vouloir, c'est peu ; il faut vouloir ardem-*
» *ment.* Toi, certainement, à moins qu'en
» ceci, comme en bien d'autres choses, tu ne te
» fasses illusion, tu ne te contentes pas de
» vouloir, tu désires de toutes les forces de ton
» cœur. Qu'est-ce donc qui te retient ? C'est
» que tu suis la voie des basses et terrestres
» voluptés, voie qui paraît plus courte et plus
» facile, mais d'où, en réalité, après avoir
» longtemps erré, il faut enfin revenir avec le
» poids d'un travail malheureusement différé,
» d'où il faut enfin remonter vers le faîte de
» la vie bienheureuse, sinon, rester lâchement
» dans les bas-fonds du mal. Si les ténèbres de
» la mort te surprennent là, oh ! c'est horrible
» d'y penser, la nuit sera éternelle et il faudra
» la passer dans d'éternels tourments. » Cette

« idée m'a tellement frappé, que je me suis
« relevé et j'ai repris courageusement ma
« route. Plût à Dieu qu'il me fût donné de
« suivre le sentier après lequel je soupire nuit et
« jour, avec l'énergie que j'ai mise enfin à gra-
« vir la montagne. Je ne sais pas si ce qu'on
« peut faire avec l'âme seule, agile et immor-
« telle, sans changer de place, en un clin
« d'œil, n'est pas de beaucoup plus facile que
« ce qu'il faut faire heure par heure, avec un
« corps caduc et périssable, sous le lourd far-
« deau de la matière? Il est une colline, la
« plus élevée de toutes, que les gens de la
« forêt appellent *Filleul*. Pourquoi? je l'ignore;
« je pense cependant que c'est par antiphrase,
« car elle semble vraiment la mère de toutes les
« montagnes voisines. On trouve sur son som-
« met une petite plaine où, accablés de fatigue,
« nous nous sommes enfin reposés.

« Puisque vous avez entendu le récit de ma
« laborieuse ascension, écoutez encore ; em-
« ployez, je vous prie, une heure à relire mes
« actions de toute une journée. Saisi par la

« vivacité inaccoutumée de l'air et par l'immen-
« sité du spectacle, je suis resté d'abord comme
« étourdi. Je voyais les nues sous mes pieds.
« Ce que j'avais lu des hautes montagnes,
« fameuses dans l'antiquité, ne me paraissait
« plus incroyable. Mes regards cependant,
« suivant la pente de mon cœur, se portaient
« du côté de l'Italie. Les Alpes, couvertes de
« neige et de frimas, où le fier ennemi du nom
« romain s'ouvrit autrefois un passage avec le
« vinaigre, s'il faut en croire la renommée, me
« semblaient tout près, quoique fort éloignées.
« Je vous l'avoue, j'ai soupiré après le ciel de
« l'Italie, que je voyais des yeux de l'âme
« plutôt que des yeux du corps, et j'ai été saisi
« d'un violent désir de revoir mon ami et ma
« patrie. Ma virilité s'est offensée de cet atten-
« drissement que je pouvais cependant justifier
« par d'illustres exemples. Ensuite, une nou-
« velle pensée m'a occupé, et m'a fait passer
« du souvenir des lieux vers lesquels se portait
« ma vue, au souvenir des jours que j'y avais
« passés. « Voilà dix ans aujourd'hui, pen-

» sais-je, qu'après avoir abandonné les études de
» ta jeunesse, tu as quitté Bologne. O Dieu
» immortel ! O immuable sagesse ! Que ces dix
» ans ont vu de changements dans mes mœurs !
» Je me tairai : je ne suis pas encore dans le
» port pour parler en sûreté des tempêtes
» passées. Un jour viendra peut-être où je
» pourrai retracer toute ma vie après avoir dit
» auparavant avec saint Augustin : « Je veux
« me rappeler mes hontes passées et les crimi-
« nelles faiblesses de mon âme, non pas parce
« qu'elles me sont chères, mais afin que leur
« souvenir m'excite à vous aimer, ô mon Dieu ! »
» — Avant d'en arriver là, il me reste bien des
» luttes à soutenir. Ce que j'avais coutume
» d'aimer, je ne l'aime plus. Je mens, je l'aime,
» mais avec plus de honte et plus de tristesse.
» J'ai dit enfin la vérité. Oui, j'aime, mais
» j'aime ce que je n'aimerais pas aimer, ce que
» je désirerais haïr. Oui, j'aime, mais malgré
» moi, mais fatalement, mais avec remords,
» mais avec larmes. Je fais l'expérience de
» cette pensée fameuse : Haïr si je puis, sinon

» j'aimerai malgré moi. Il n'y a pas encore
» trois ans que cette volonté perverse et crimi-
» nelle qui me tenait tout entier, et qui régnait
» seule et sans contradiction dans mon cœur,
» a commencé à en trouver une autre qui se
» révolte et la combat. Depuis longtemps il se
» livre entre ces deux volontés, dans le champ
» de mes pensées, un combat douloureux et
» dont on ne peût prévoir l'issue, pour savoir
» auquel des deux hommes restera l'empire. »
« Voilà ce que je pensais de ces dix ans de mon
« passé. Puis laissant dans l'oubli mes inquié-
« tudes, je me disais : « S'il t'était donné par
» hasard de conserver pendant dix ans encore
» cette vie éphémère et d'avancer vers la vertu
» autant que tu t'es éloigné en deux ans de ta
» vieille passion, grâce à ce combat des deux
» volontés, alors tu pourrais peut-être, à l'âge
» de quarante ans que tu espères atteindre,
» mourir en paix et dédaigner ce reste de la
» vie qui s'éteint dans la vieillesse. » Telles
« étaient mes réflexions : je me réjouissais de
« mon avancement, je déplorais mon imper-

« fection ; je prenais en pitié la mobilité de la
« volonté humaine ; j'avais oublié où j'étais,
« pourquoi j'y étais. Rejetant mes préoccupa-
« tions, j'ai enfin contemplé le spectacle que
« j'étais venu voir. Le soleil qui s'inclinait à
« l'horizon, l'ombre de la montagne qui s'éten-
« dait, m'avertissaient que l'heure du retour
« approchait ; j'étais comme au sortir d'un
« rêve. Je me tourne vers l'Occident. On
« ne voyait pas les Pyrénées qui séparent
« l'Espagne de la France. Rien cependant n'en
« dérobe la vue ; la faiblesse de l'œil de l'homme
« ne permet pas de voir aussi loin. A ma
« droite, j'avais les montagnes du Lyonnais, à
« ma gauche, je voyais distinctement, quoique
« fort éloignés, les flots de la Méditerranée qui
« baignent Marseille et ceux qui se brisent
« contre Aigues-Mortes ; le Rhône serpentait
« sous mes yeux. Tandis que je contemplais
« ce tableau et que je laissais mon esprit
« s'occuper de quelques pensées vulgaires ou
« s'élever vers de plus hautes régions, j'ai eu
« l'idée de prendre les *Confessions* de saint

« Augustin. Ce livre est un présent de votre
« amitié ; je le conserve pour me rappeler
« l'auteur et le donateur. Je le porte sans
« cesse avec moi. C'est un petit volume qui
« tient dans la main, mais plein d'un charme
« infini. Je l'ouvre pour lire les premières
« lignes venues ; je ne pouvais tomber que sur
« un passage rempli de piété et de dévotion.
« J'ai rencontré le dixième livre. Mon frère,
« attentif à ce qu'Augustin allait dire par ma
« bouche, était debout à mes côtés. J'en prends
« Dieu et Gérard à témoins, voici ce qu'il y
« avait d'écrit là où s'est abaissé mon regard :
« *Les hommes s'en vont admirer les hautes*
« *montagnes, les flots immenses de la mer,*
« *le cours majestueux des fleuves, l'étendue*
« *de l'Océan, la marche des astres, et ils*
« *se négligent eux-mêmes.* Je suis demeuré
« stupéfait ; et, après avoir prié mon frère, qui
« me demandait de continuer ma lecture, de
« ne pas m'importuner davantage, j'ai fermé
« le livre. Je m'en voulais d'admirer les mer-
« veilles de la nature, alors que j'aurais dû

« avoir appris des philosophes païens qu'il n'y
« a rien d'admirable, excepté l'âme, cette
« grande chose auprès de laquelle rien n'est
« grand. Content de ce que j'avais vu, j'ai
« ramené sur moi-même le regard intérieur
« de mon esprit. Dès ce moment, personne ne
« m'a entendu parler jusqu'à notre arrivée au
« pied de la montagne. Les paroles de saint
« Augustin m'occupaient assez. Je ne pouvais
« croire que le hasard fût pour quelque chose
« dans cette rencontre. J'étais persuadé que
« tout ce que j'avais lu avait été écrit pour
« moi et non pour un autre. C'était aussi la
« persuasion de saint Augustin, lorsqu'il
« tomba, comme il le raconte, sur ce passage
« de l'apôtre : *Ne vous laissez pas aller aux*
« *débauches, à l'ivrognerie, aux impudicités,*
« *aux dissolutions, aux querelles, aux jalou-*
« *sies, mais revêtez-vous de Jésus-Christ, et*
« *ne prenez pas de votre chair un soin qui*
« *aille jusqu'à contenter ses désirs.* La même
« chose était arrivée déjà à saint Antoine. Il
« entendit ces paroles de l'Evangile : *Si vous*

« *voulez être parfait, allez, vendez tout ce que*
« *vous possédez, donnez-en le prix aux pauvres,*
« *puis venez et suivez-moi : vous retrouverez*
« *votre trésor dans le ciel.* Il prit pour lui
« ce conseil et, raconte Athanase, son histo-
« rien, il se courba sous le joug du Seigneur.
« Or, de même qu'Antoine ne chercha pas à
« en entendre davantage, de même qu'Augus-
« tin ne continua pas sa lecture, ainsi je me
« contentais des paroles que j'avais lues, et me
« renfermais dans une silencieuse méditation.
« Je faisais en moi-même ces réflexions : «Oh !
» que l'homme est pauvre en sagesse ! Il
» néglige la plus noble partie de son être et
» se répand à l'extérieur ; il s'épuise à admirer
» de vains spectacles. Ce qu'il pourrait trouver
» en son intérieur, il le cherche au dehors. »
« J'admirais quelle serait la grandeur de notre
« âme si, dès l'origine, elle n'avait pas prévari-
« qué, si elle n'avait pas usé pour son opprobre
« des dons que Dieu lui avait faits pour son
« honneur. Combien de fois en descendant,
« je me suis retourné vers les plus hautes

« cimes de la montagne ! il m'a semblé qu'elles
« n'avaient pas une coudée en comparaison
« de ces hauteurs sublimes où peut s'élever la
« pensée humaine, quand on ne la tient pas
« captive dans la boue des voluptés. Je me
« disais aussi à chaque pas : « Si tu as tant
» sué, tant fatigué pour rapprocher un peu
» ton corps du ciel, quelle croix, quelle prison,
» quel supplice devraient détourner ton âme de
» s'approcher de Dieu, de mépriser les som-
» mets orageux de l'orgueil et les entraîne-
» ments du monde ! Toutefois, y a-t-il un
» homme qui ne soit pas empêché par la
» peur de la souffrance ou l'attrait du plaisir
» de suivre cette voie ? S'il en est un, en vérité,
» il est trop heureux ; c'est de lui que le poète
» a dit : « Heureux celui qui a pu pénétrer la
« secrète raison des choses, qui a méprisé les
« vaines terreurs, l'inexorable destin et le mur-
« mure de l'avare Achéron ! Avec quelle ardeur
« ne devons-nous pas travailler à fouler aux
« pieds, non pas la cime des montagnes, mais
« les concupiscences que soulèvent les désirs

« de la terre. » C'est au milieu de ces pensées,
« de ces agitations de mon cœur, que je suis
« arrivé, sans faire attention au sentier pier-
« reux que nous suivions, à notre auberge
« rustique. J'en étais parti avant le jour ;
« quand je suis revenu, la nuit était profonde,
« mais la lune nous éclairait de sa douce lumière.

« Tandis que nos serviteurs se hâtent de
« préparer notre souper, je me suis retiré seul
« dans un coin de la maison pour vous écrire
« rapidement ces lignes. J'ai craint, si je diffé-
« rais, de ne pas le faire plus tard, car le chan-
« gement des lieux pourrait bien donner un autre
« cours à mes pensées. Vous le voyez donc,
« cher Père, je ne veux rien vous cacher : je ne
« me contente pas de vous faire connaître ma
« vie tout entière, mais aussi chacune de mes
« pensées. Priez Dieu, je vous en supplie, que
« ces pensées, jusqu'ici vagabondes, incon-
« stantes, se fixent enfin, et qu'après avoir
« poursuivi les vanités, elles se tournent vers
« le seul bien vrai, certain, immuable[1]. »

[1] *Famil.*, IV. 1.

A cette époque, Pétrarque vécut à Vau·
cluse en lettré avide de savoir. Toutefois,
il ne cherchait pas seulement dans la science
une consolation pour son cœur, une jouis-
sance pour son esprit ; il y cherchait encore,
et avant tout peut-être, un titre à l'admiration de ses contemporains et de la pos-
térité. Son ardeur embrassait tout : la littérature, l'histoire, la philosophie, les sciences
et les arts [1]. La méthode que Pétrarque suivait
dans ses vastes études, était un sage éclectisme
dont il donnait les règles, dès son arrivée à
Avignon, à Thomas de Caloria, le plus aimé
de ses camarades de l'Université de Bologne.
Partout où il trouve quelque fragment de
vérité, il le recueille et s'en va de butin en
butin composant la vérité totale [2]. Chose bien
nouvelle en son temps, il part du doute phi-
losophique, fait table rase de tous les systèmes

---

[1] *Carmen,* I, 7.
[2] *Famil.,* I, 7.

3.

qui prétendent offrir à l'homme la vérité dans des formules inflexibles, et, foulant aux pieds toutes les sectes, il ne veut devoir la connaissance scientifique du vrai qu'à sa propre investigation [1].

Pétrarque fit part à son ami Thomas de Caloria des heureux résultats où le conduisait cette méthode si hardie. Thomas montra la lettre du philosophe aux scolastiques de Messine, où il habitait. Il n'y eut qu'une voix pour condamner Pétrarque comme un novateur dangereux et un contempteur imprudent de la dialectique. Caloria fit part de cette sentence au solitaire, qui lui répondit :

« Si tu veux être un disciple de la vérité,
« évite ces hommes et rejette leurs principes.
« Ils remplissent la terre. En Angleterre j'en
« ai trouvé autant que tu en as en Sicile. Ils se
« couvrent de l'autorité d'Aristote, mais qu'ils
« ressemblent peu à l'illustre philosophe, eux
« qui ne produisent aucun ouvrage sérieux,

[1] *Senil.*, I, 5.

« qui ont peu d'intelligence, qui ne savent que
« crier beaucoup et pour rien ! On ne peut que
« rire de ces subtilités sophistiques, dont ils
« fatiguent leur siècle. Toutefois, je ne con-
« damne pas absolument la dialectique. Je sais
« combien les stoïciens, ces nobles et virils
« philosophes, l'appréciaient. Je sais qu'elle
« est un des sept arts libéraux, qu'elle est un
« point d'appui pour ceux qui gravissent avec
« effort les hauteurs de la science ; une armure
« nécessaire pour ceux qui marchent à travers
« les embûches de la sophistique. Elle aiguise
« l'intelligence, elle montre le chemin de la
« vérité. Elle apprend à éviter les pièges, et,
« n'aurait-elle pas tous ces avantages, elle
« forme l'esprit à juger avec sûreté et finesse.
« Mais ce n'est pas une raison pour ne pas
« sortir de la dialectique. Ce voyageur serait
« insensé qui, épris des agréments du chemin,
« en oublierait le terme. C'est au contraire la
« gloire d'un bon voyageur de traverser rapi-
« dement beaucoup de pays, sans s'arrêter en
« deçà du but où il tend.

« Et qui de nous n'est pas voyageur ? Notre
« route est longue, difficile ; le temps est court
« et mauvais, comme un jour pluvieux d'hiver.
« Ce chemin est celui de la science. La dialec-
« tique peut en faire une partie, la partie
« qu'on fait le matin, non pas celle qu'on fait
« le soir. Si nous ne savons pas quitter en
« vieillissant les écoles de dialectique parce
« que notre enfance s'y est exercée, n'ayons
« pas honte de jouer à pair et impair, de mon-
« ter à cheval sur un roseau et de nous faire
« bercer [1]. »

A une savante méthode, Pétrarque joignait
un noble but. Sans doute il poursuivait la
gloire dont la couronne poétique qu'il espérait
recevoir un jour au Capitole, devait être pour
lui le gage assuré. — Et, si c'est là une faiblesse, c'est une faiblesse comme en ont seuls
les esprits supérieurs. — Mais il portait aussi
dans ses travaux des vues d'un ordre plus élevé.
Ce qu'il voulait, c'était l'irradiation de plus en

---

[1] *Famil.*, I, 6.

plus considérable de la vertu et de la vérité
parmi les hommes.

« Pourquoi travaillerions-nous ? me dis-tu »,
écrit-il encore, en ce temps-là, à son ami de
Messine, « puisque tout ce qui regarde l'uti-
« lité des hommes a été écrit en mille volumes
« dans un style admirable par le divin génie de
« l'antiquité ? Je t'en prie, ne répète plus cette
« parole et que cette raison ne te porte pas à
« la paresse..... Jamais on ne louera assez la
« vertu, jamais on ne donnera assez de pré-
« ceptes pour faire aimer Dieu et haïr les
« voluptés ; jamais les découvertes des esprits
« les plus pénétrants ne fermeront la voie à de
« nouvelles découvertes. Tranquillise-toi : nous
« ne travaillons pas en vain. Ceux qui vien-
« dront après nous, même aux derniers âges
« du monde, ne travailleront pas en vain ; et
« s'il faut craindre quelque chose, c'est que la
« fin des siècles arrive avant que la science
« humaine ait pénétré dans le sanctuaire
« intime de la vérité [1]. »

---

[1] *Famil.*, 1, 8.

Ce serait mal connaître Pétrarque de croire
qu'à cette époque il ne tînt aucun compte des
lumières de la foi, ou qu'il cherchât à les
décomposer au nom de la raison pour en
expliquer la mystérieuse nature. Pétrarque
n'exerça jamais sa liberté de penser dans le
domaine religieux. Il acceptait la révélation
chrétienne avec une entière et respectueuse
soumission, et repoussait tout ce qui s'élevait
contre ses enseignements. Ce n'est pas sans
quelque étonnement qu'on voit cet esprit hardi
écrire ces lignes d'une simplicité et tout à la
fois d'une fermeté admirables :

« Il est permis d'aimer et d'approuver les
« sectes des philosophes, lorsqu'ils ne s'éloi-
« gnent pas de la vérité et qu'ils ne nous
« détournent pas de notre résolution, qui est
« de ne rien admettre de contraire à la foi. Dès
« qu'ils le font, serait-ce Platon, Aristote,
« Varron ou Cicéron, méprisons-les, foulons-
« les aux pieds avec une liberté courageuse.
« Que la subtilité du raisonnement, la douceur
« du style, l'autorité du génie ne nous séduisent

« pas. Ils furent tous des hommes savants par
« leurs recherches et leurs connaissances, par
« l'éloquence, heureusement doués par la na-
« ture, mais misérables par la privation de
« l'objet suprême et ineffable de la science.
« Semblables aux présomptueux qui ne se fient
« qu'à leurs seules forces et ne cherchent pas
« la vraie lumière, ils se sont laissés tomber
« souvent comme des aveugles, souvent leurs
« pieds se sont heurtés aux pierres du chemin.
« C'est pourquoi en admirant leur génie, véné-
« rons l'auteur du génie; en déplorant leurs
« erreurs, félicitons-nous de la grâce que Dieu
« nous a faite, et reconnaissons que sans
« aucun mérite de notre part, nous avons plus
« reçu de celui qui cache ses mystères aux
« sages du siècle et les révèle aux âmes
« humbles. En philosophant, aimons comme
« le dit le mot Philosophie, aimons la sagesse.
« Or la vraie sagesse de Dieu, c'est le Christ.
« La vraie philosophie consiste donc à aimer
« le Christ, à l'adorer. Soyons tout ce qu'il
« nous plaira, pourvu qu'avant tout nous

« soyons chrétiens. Lisons les philosophes, les
« poètes, les historiens, mais que la voix de
« l'Evangile du Christ résonne toujours à
« l'oreille de notre cœur. Avec l'Evangile nous
« serons assez savants et assez heureux ; sans
« lui, plus nous apprendrons et plus nous
« deviendrons ignorants et malheureux. Rap-
« portons tout à l'Evangile comme à la
« suprême forteresse de la vérité. Quand la
« science humaine s'appuie sur lui, elle peut
« bâtir son édifice en sûreté : le fondement est
« inébranlable [1]. »

Tel est Pétrarque. Il a des hardiesses de
pensées qu'on dirait écloses au souffle des
temps modernes et des actes de foi qui rappellent le siècle théologique de saint Thomas
d'Aquin. Comme tous les grands hommes, il
reproduit dans son caractère celui de son siècle
où le Moyen Age donne la main à la Renais-
sance.

[1] *Famil.*, VI, 7.

Ces études incessantes, animées d'un esprit
si élevé et si chrétien, poursuivies au milieu
d'une ravissante solitude, endormirent les
souffrances morales de Pétrarque et le déli-
vrèrent de ses chagrins les plus vifs [1]. A cette
action bienfaisante des livres et de la nature,
l'amitié vint joindre ses douces influences.
Vaucluse [2] faisait partie du diocèse de Cavaillon.
Pétrarque alla rendre ses devoirs à son évêque.
Philippe de Cabassole gouvernait alors ce
petit évêché. Il n'avait que vingt-six ans. Nous
ne connaissons pas de portraits authentiques
de l'évêque de Cavaillon. Dans ceux qu'on a
pieusement imaginés, on admire la beauté un
peu sévère des lignes de son front, la pureté

[1] *Famil.*, I, 18.

[2] En 1171, la moitié de la seigneurie de Vaucluse fut
cédée par Raymond V, comte de Toulouse et marquis
de Provence, à l'évêque de Cavaillon et à ses succes-
seurs qui occupèrent le château avec toute juridiction.
L'autre portion de coseigneurie fut inféodée à la puissante maison d'Astoaud, et, en 1630, à celle de Scytres
Caumont dont quelques membres portèrent le titre de
marquis de Vaucluse.

de l'ovale de son visage, le feu de son regard, le sourire voilé de ses lèvres, l'expression à la fois énergique et douce de sa physionomie. C'est bien ainsi qu'on se représente ce jeune prélat, qui dirigeait son Eglise avec sagesse, suivait la politique de son temps avec attention, se préparant à paraître avec éclat sur un plus vaste théâtre, et à demeurer dans l'histoire du XIVᵉ siècle, non pas comme la plus brillante figure de cette époque, mais comme une des plus pures et des plus attrayantes.

Philippe et Pétrarque n'en restèrent pas à un simple échange de politesses. Natures d'élite l'un et l'autre, ils se comprirent et s'aimèrent bientôt. Hélas ! comme pour beaucoup ici-bas, leur amitié se forma dans les larmes. Cabassole perdit son frère Isnard, chevalier de Saint-Jean de Jérusalem, qui se noya dans la mer Rouge, et les premières lettres de Pétrarque à son nouvel ami furent des lettres de consolation.

Pétrarque avait trouvé auprès de l'évêque de Cavaillon un de ses amis d'enfance, Pons

Samson, prévôt du Chapitre de la cathédrale.
« C'est à juste titre qu'il porte ce nom, disait-il,
« il a autant de force dans l'esprit que le fléau
« des Philistins en avait dans le corps. » Les
souvenirs de l'école de Carpentras et plus
encore le goût des lettres renouvelèrent et
entretinrent l'intimité première des deux élèves
de Convennole. Cabassole et Pons venaient
souvent visiter leur ami dans sa solitude.
Gui Settimo s'y rendait aussi d'Avignon.
Pétrarque lui rappelait plus tard ces visites.

« Nous étions depuis longtemps insépa-
« rables de cœur, lui disait-il, nos goûts
« seuls nous séparaient alors. Tu fréquentais
« les rostres et les tribunaux, je recherchais le
« repos et les bois; tu demandais honnêtement
« à la politique et aux affaires des richesses
« qui vinrent me trouver dans ma retraite où
« je les fuyais et les méprisais. Te dirai-je ce
« qui me charmait, le silence des champs, le
« murmure perpétuel des eaux toujours lim-
« pides, le mugissement sonore des bœufs
« au fond des vallées, le jour, le chant des

« oiseaux sous les ombrages; la nuit, les mélo-
« dies du rossignol? tu connais tout; et, si tu
« n'osas pas me suivre entièrement, combien
« de fois te dérobant au tumulte de la ville, tu ·
« recherchas ma solitude, comme on recherche
« un port dans la tempête [1] ! »

Quand ses amis tardaient trop à venir le
voir, l'aimable solitaire leur envoyait des lettres
d'invitation comme celle-ci qu'il adressait à
son ancien élève, Agapit Colonna : « Je vous
« attends à souper, et vous viendrez en vous
« rappelant qu'il n'y a pas ici de marché de
« friandises. C'est un repas de poète qui vous
« est préparé; ce ne sera pas le festin de Juvé-
« nal ou d'Horace, mais le champêtre dîner de
« Virgile : des fruits mûrs, des châtaignes
« tendres, du laitage en abondance. Les autres
« mets seront plus durs; car vous trouverez
« un pain grossier et peu travaillé, un lièvre
« d'occasion, une grue de passage, et peut-être

____

[1] *Senil.*, X, 2.

« un morceau un peu rance de vieux sanglier.
« Qu'ajouterai-je ? vous connaissez l'aspérité
« du chemin et la rusticité de la table, c'est
« pourquoi je vous préviens de venir non
« seulement avec les pieds, mais encore,
« comme dit le parasite de Plaute, avec les
« dents bien chaussées [1]. »

Ainsi Pétrarque n'avait pas rompu toutes ses
relations en se retirant à Vaucluse. Il y recevait ses amis ; il y recevait aussi les grands
personnages venus à la cour pontificale et qui
ne manquaient pas, avant de partir, d'aller
saluer sur les bords de la Sorgue, le poète dont
la renommée remplissait déjà l'Europe [2]. Lui-
même se rendait assez fréquemment à Avignon
où les Colonna lui offraient une hospitalité
toujours cordiale. Il y passa tout l'hiver de
1338. Le dauphin de Vienne, Humbert II,
était alors à la cour du Souverain Pontife.

[1] *Famil.*, II, 11.
[2] *Senil.*, XV, 1.

Pour se distraire des plaisirs monotones des brillantes fêtes qu'il donnait et recevait, ce prince, d'ailleurs pieux, voulut faire le pèlerinage de la Sainte-Baume. Il pria Pétrarque de l'y accompagner ; le cardinal Colonna joignit ses instances aux prières du Dauphin. Pétrarque craignant de se laisser prendre encore aux pièges du monde, ne céda qu'avec peine, « il se laissa entraîner[1] ».

La bruyante escorte d'Humbert ne lui plaisait point : il se tint constamment à l'écart. La caverne de l'illustre pénitente remplit Pétrarque de vives et saintes émotions. Pendant trois jours et trois nuits, il s'enivra des célestes parfums que Madeleine a laissés sur ces sommets prédestinés. Il se rappelait l'émouvante histoire de la douce amie de l'Homme-Dieu. Le souvenir de cette existence purifiée, transformée par l'amour divin, touchait profondément Pétrarque et il priait ainsi : « Douce

[1] *Senil.*, XIV, 17.

« amie de Dieu, laissez-vous attendrir par mes
« pleurs, accueillez les soupirs d'un cœur
« humilié, prenez soin de mon salut. Vous
« êtes toute-puissante ; car il ne vous a pas été
« donné en vain d'embrasser les pieds sacrés
« du Sauveur, de les inonder de vos larmes,
« de les essuyer avec la soie brillante de vos
« cheveux, de les couvrir de baisers, de
« répandre des parfums précieux sur la tête du
« Christ, de le voir avant tous après sa résur-
« rection, de recevoir sa première parole et
« de contempler son corps glorieux[1]. »

Quand Pétrarque, interrompant ses mys-
tiques effusions, sortait de la sainte grotte, il
allait s'asseoir dans la vaste forêt qui l'entoure.
Là, il passait, dit-il, de longues heures à penser à ses amis absents, principalement à Philippe de Cabassole, ce frère qu'il venait de se
donner[2]. En quittant ce sanctuaire béni,

---

[1] *Senil.,* XIV, 16.
[2] *Epist. ad Post.*

Pétrarque se promit d'y retourner. Dans son livre de la *Vie solitaire*, il nous apprend qu'il vint, en effet, plusieurs fois vénérer ces hauteurs sacrées où Marie-Madeleine « avait « apporté une vertu qui n'a point eu d'égale, « pour y laisser une mémoire qui n'a point eu « de tombeau[1] ».

II

Les saintes impressions de son pèlerinage semblèrent raffermir Pétrarque dans la résolution qu'il avait prise de combattre énergiquement ses passions. Lorsque revint, avec le Vendredi saint de 1338, l'anniversaire de sa rencontre avec Laure, il le célèbre par ces vers :

« Père du ciel, après les jours perdus, après

[1] Lacordaire, *Sainte Marie-Madeleine.*

« les nuits vainement dépensées à contempler
« avec le cruel désir qui s'alluma dans mon
« cœur, les façons pour mon malheur si char-
« mantes, permets désormais que ta lumière
« me ramène à une autre vie et à des desseins
« plus beaux, si bien que mon fier adversaire
« ayant en vain tendu ses rets, en soit couvert
« de honte. Voici, mon Dieu, que s'achève à
« présent la onzième année depuis que j'ai été
« soumis à ce joug inhumain qui s'appesantit
« davantage sur les plus patients. Prends en
« pitié ma souffrance bien indigne ; rappelle à
« un meilleur but mes pensers égarés, fais-les
« souvenir comme aujourd'hui tu fus mis en
« croix [1]. »

Le calme n'était qu'à la surface de l'âme de
Pétrarque : le fond en était toujours troublé,
inquiet, et déjà, dans une lettre qu'il écrit
alors à Guillaume de Pastrengo, on peut pres-
sentir de nouveaux orages. Guillaume était un

[1] Sonnet 48.

avocat de l'Université de Padoue, jurisconsulte
habile, lettré érudit, auteur d'une vaste encyclopédie [1] ; du reste, homme du monde
accompli. Il avait connu Pétrarque dans un
premier voyage qu'il avait fait en 1333 à Avignon où il était venu plaider devant le Pape
pour la puissante famille des Corrèges, qui disputait la seigneurie de Parme aux Rossi. Pour
soutenir ce procès, il avait fait appel aux
lumières et à l'éloquence de Pétrarque, qui
consentit à porter la parole dans un consistoire. L'avocat de Padoue lui attribua le succès de sa mission. Un second procès, où les
Corrèges étaient encore mêlés, ramenait cette
année Guillaume à Avignon. Il se hâta d'aller
chez son ami, mais il trouva fermée la maison
où Pétrarque habitait, et il apprit que son

[1] Cet ouvrage est une bibliothèque de tous les auteurs
profanes et sacrés de tous les pays, de tous les siècles
et sur tous les sujets, depuis les temps les plus reculés
jusqu'au xiv⁰ siècle; il parut à Venise en 1547, sous ce
faux titre : *De Originibus rerum.* Son vrai titre est : *De
Viris illustribus.*

confrère, qu'il avait vu autrefois dans tout l'éclat de ses succès mondains, vivait à Vaucluse, dans la solitude. Quelque peu surpris, Guillaume lui envoie ce billet :

« Hé ! mon cher, dans quels antres vous
« dérobez-vous à la lumière du jour? dans
« quelle retraite vous tenez-vous caché ? Je
« suis allé à la maison de notre Lælius ; je
« vous appelle, personne ne répond ; je frappe,
« personne n'ouvre. Pourquoi cette conduite ?
« Sortez donc de votre tanière, montrez-vous
« à un ami qui brûle de vous voir et dites-lui
« vite : Me voici [1]! »

Pétrarque s'empressa de se rendre auprès de son ami. Mais à peine arrivé à Avignon, il s'en éloigne aussitôt pour retourner à Vaucluse, d'où il écrivit à Guillaume de Pastrengo :

« C'est avec un légitime étonnement que
« vous cherchez dans quelles cavernes je me
« cache, et que vous vous demandez la cause

[1] Var. 32.

« de cette vie nouvelle qui me dérobe à vos
« empressements. Cependant, votre étonne-
« ment augmentera lorsque vous apprendrez
« que j'ai quitté la campagne en cette saison où
« elle m'est le plus agréable pour venir vous voir
« dans cette ville toujours détestée, et que je
« suis reparti au plus vite sans vous saluer.
« Voici la raison de cette conduite. — Je vous
« la donne le plus brièvement possible, car
« le messager qui va partir et le soleil qui
« descend à l'horizon, ne me permettent pas
« de m'étendre beaucoup. — Depuis long-
« temps j'étais esclave de cette vie élégante
« qu'on mène dans les villes, et surtout dans
« la ville où vous vous trouvez. Ce n'est
« pas dans une lettre que je puis vous dire
« tout ce que j'ai souffert à Avignon pen-
« dant de longues années de misères et de
« peines. Mon malheur m'éclaira. Je vis que
« je n'avais d'autre espoir de recouvrer ma
« liberté que dans la fuite ; et, malgré les résis-
« tances de ceux qui m'ont perdu en m'aimant,
« j'ai fui. Je me suis arraché à tout prix aux

« périls qui m'environnaient. J'ai résolu de
« supporter les rigueurs de la fortune afin de
« vivre un peu pour moi avant de mourir.
« Déjà je commençais d'atteindre insensible-
« ment le but que je désirais : les liens qui
« tiennent mon âme captive se relâchaient ;
« j'éprouvais un soulagement d'une indicible
« douceur, un avant-goût de la vie céleste.
« Mais qu'elle est grande la force d'une
« habitude invétérée ! Je retourne souvent,
« sans que rien m'y oblige, dans la funeste
« cité, je me rejette volontairement dans le
« filet. Je ne sais quels souffles irrésistibles,
« du port où je me suis retiré après maints
« naufrages, me poussent encore vers la mer.
« Je ne suis pas plus tôt dans Avignon que je
« ne suis plus maître de moi. De tous côtés je
« suis assailli par la tempête, de tous côtés je ne
« vois que gouffres et écueils. Je ne trouve par-
« tout que la mort, et ce qui est pire, l'ennui
« de la vie présente et la crainte de la
« vie future. Vous savez maintenant pourquoi
« vous ne m'avez pas vu l'autre jour. Les

« vieilles passions qui dévorent mon mal-
« heureux cœur, en sont seules la cause. Dès
« qu'elles me trouvèrent dans leurs remparts,
« elles me saisirent comme un esclave rebelle
« et fugitif. Déjà je voyais les fouets, la prison,
« les chaînes et le bâton. Ce spectacle des tour-
« ments qui m'attendaient, m'a réveillé, j'ai pris
« la fuite la nuit, ne pouvant le faire le jour.
« Vous m'excuserez donc d'être parti sans
« vous voir alors que je le pouvais. Vous plai-
« derez même ma cause devant le monde
« insensé qui m'accuse de folie, parce que,
« sans écouter ses plaintes, j'ai préféré le repos
« de la campagne aux plaisirs de la ville[1]. »
Guillaume répondit à Pétrarque :
« En vérité, mon ami, je ne puis me résigner
« à votre fuite. Elle me prive de l'agrément
« de votre présence et du charme de votre
« conversation. Je ne conçois pas comment
« votre absence ne m'attristerait point, lorsqu'il

---

[1] Var. 33.

« m'est si doux de vous voir et de vous
« entendre. Votre lettre, cependant, a été une
« joie pour mon cœur inquiet, et un délasse-
« ment pour mon esprit fatigué par les affaires.
« Je sais à présent que vous avez forcé la porte
« de votre odieuse prison, brisé vos chaînes,
« rompu vos entraves, rejeté les fers de
« l'esclavage ; que vous avez traversé la mer
« orageuse ; que vous êtes arrivé au port sur
« un rivage bien-aimé, où les cruelles tem-
« pêtes de votre âme se sont apaisées, et où
« une suave tranquillité a succédé aux agitations
« du monde. J'aime à me représenter d'ici ce
« que vous faites dans la liberté de votre
« solitude. Aux roses clartés de l'aurore,
« réveillé par les chants harmonieux des
« oiseaux et le murmure plaintif des eaux qui
« tombent de rocher en rocher, vous montez
« jusqu'au sommet de la montagne par les
« sentiers des collines couverts de rosée. Assis
« sur une roche moussue, vous contemplez la
« plaine dont les champs cultivés se déroulent
« à vos pieds. Vous avez vos tablettes, vous

« méditez, vous notez rapidement vos pensées
« que vous retrouverez plus tard pour les
« féconder. Quand le soleil monte à l'horizon,
« vous retournez dans votre demeure. Vous
« faites un repas digne de Fabricius et de
« Curius, vous vous reposez un instant sur
« votre couche. Puis, pour éviter la grande
« chaleur du milieu du jour, vous vous enfer-
« mez dans cette vallée qui porte à juste titre
« le nom de *Vallée close* et où, lorsque le
« soleil commence à décliner, les montagnes
« projettent leur ombre du côté du Levant.
« Là, cette admirable fontaine jaillit du pied
« du rocher. Tantôt ses eaux argentées sortent
« en sanglotant par une multitude de fissures ;
« tantôt elle vomit ses flots par une ouverture
« immense. Ils se précipitent avec fracas par
« une pente rapide vers le fond du vallon, ils
« bondissent en mugissant à travers des blocs
« informes contre lesquels ils se brisent, et peu
« après ils coulent entre deux rives toujours
« riantes, en nappe d'eau tranquille. Là
« s'ouvre cet antre large, effrayant, plein de

« mugissements horribles, quand la source
« bouillonne et déborde ; silencieux, lorsqu'elle
« décroît. Il offre alors contre les ardeurs du
« soleil un asile d'une fraîcheur délicieuse. Là
« se trouve cette autre grotte suspendue sur
« les eaux limpides, plus transparentes que le
« cristal. Là vous venez vous asseoir à une
« place que vous affectionnez. Un lierre
« sombre croît tout près, grimpe au rocher et
« tandis qu'il ombrage son poète, vous repais-
« sez vos yeux des beautés du site et vous
« aiguisez votre génie pour de nouveaux
« travaux[1]. »

La poésie de cette existence ne parvint pas à
éteindre la passion de Pétrarque. Si la solitude
lui apporta quelques jours de calme où il put
se croire délivré de ses tourments, elle finit
par accroître son amour et le préparer à des
explosions plus ardentes que jamais. « Oh !
« René, disait le vieux Chactas, si tu crains les

---

[1] Var. 34.

« troubles du cœur, défie-toi de la solitude :
« les grandes passions sont solitaires, les
« transporter au désert, c'est les rendre à leur
« empire. » En outre, Guillaume de Pastrengo,
retenu à Avignon par les lenteurs de la cour
pontificale, venait souvent à Vaucluse, et, tout
en causant avec son ami d'histoire et de littérature, tout en l'aidant à cultiver son jardin et
à tailler ses arbres, il lui parlait de Laure, des
plaisirs de la société élégante, des regrets
qu'on éprouvait de sa retraite.

Si Guillaume eut l'intention d'arracher le
solitaire à ses résolutions, il y réussit. Pétrarque
n'eut bientôt qu'une occupation : voir Laure à
Avignon et la chanter à Vaucluse. Ce ne fut
même plus assez pour lui de la chanter dans
des vers qu'une émotion plus sincère, un
art plus scrupuleux, une inspiration plus
riche, un sentiment plus grand de la nature
frappaient pour l'immortalité. Il voulut que la
peinture éternisât ses traits. Simon de Sienne
décorait alors le palais que Benoît XII
faisait bâtir à Avignon. Pétrarque lui

demanda un portrait de Laure. Simon
se souvint de son maître, l'angélique Giotto,
car « son œuvre fut bien de celles que
« l'on peut s'imaginer exécutées dans le ciel,
« non ici parmi nous où le corps fait à l'âme
« un voile[1] ». Plus tard, lorsque l'amour de
Laure ne sera plus qu'un souvenir sanctifié
par la mort et la pénitence, Pétrarque rempla-
cera ce portrait par celui de la Vierge Marie,
peint par Giotto, qu'il conservera jusqu'à ses
derniers jours, et dont la destinée le préoc-
cupera quand il écrira son testament.

Pétrarque, encore loin de cette complète
transformation, emporta le portrait de Laure
à Vaucluse, et c'est sans doute en le contemplant qu'il composa les trois canzones VIII, IX,
X que Muratori estime être ce que la poésie
italienne a produit de plus exquis. Cependant,
il n'oubliait pas ses études ; il puise au contraire dans son bonheur un nouvel encoura-

---

[1] Sonnet 57.

gement au travail. « Maintenant naissent de
« moi des paroles et des œuvres telles, que
« j'espère me rendre immortel quoique la
« chair doive périr[1]. » Les œuvres auxquelles
Pétrarque travaillait, étaient une histoire
romaine depuis Romulus jusqu'à Titus et un
poème épique, *L'Afrique*, dont Scipion l'Afri-
cain était le héros. Un poème de ce genre était
à cette époque une chose si nouvelle, qu'elle
devait exciter dans tous ceux qui en enten-
draient parler un redoublement d'admiration
pour l'auteur. Aussi le bruit en fut à peine
répandu, à peine eut-on pu juger par ses poé-
sies latines déjà commencées de la manière
dont il pouvait traiter un si beau sujet, qu'il
devint l'objet de l'attention générale et d'une
espèce de fanatisme qui lui faisait donner, sur
de simples espérances, les noms de sublime et
de divin[2].

---

[1] *Canzon.*, VII.

[2] Tiraboschi, *Istoria della Litter. Italiana*, t. V, l. III.
Le sujet de l'*Afrique* avait déjà été traité par Silius
Italicus. Pétrarque inséra même dans son poème un
long fragment de cet auteur.

En composant son *Afrique*, Pétrarque voulut lire dans le texte original, Homère, le père et le modèle du poème épique, et il résolut d'apprendre le grec qu'il ignorait. Il chercha un maître ; il en trouva un dans Varlaam, ambassadeur de l'empereur de Constantinople à la cour pontificale. Pétrarque fit de rapides progrès ; il put bientôt lire Platon et il le lut, non pas seulement en écolier qui cherche dans les écrits des maîtres les règles de grammaire et le secret de leur langue, mais encore en philosophe avide de la vérité. Les idées platoniciennes avaient toujours souri à Pétrarque ; cependant, lorsqu'elles lui apparurent dans leur splendeur originale, dans cette forme harmonieuse et colorée dont Platon les a revêtues, elles laissèrent dans son esprit d'ineffaçables reflets [1].

Après le départ de Varlaam, Pétrarque continua seul ses études dans sa retraite de Vau-

----

[1] *De Contemptu mundi*, dial. II.

cluse. Il y mit tant d'ardeur, que sa santé en fut altérée. L'évêque de Cavaillon, voyant ce dépérissement dont il n'ignorait pas la cause, demande un soir à son ami la clef de son armoire, enferme les livres de l'infatigable travailleur, ses papiers, son encre et ses plumes, et il lui dit : « Je veux que vous soyez dix jours « sans lire ni écrire. » Pétrarque se soumet à cette dure sentence. Le premier jour lui paraît plus long qu'une année ; le second, il a mal à la tête du matin jusqu'au soir ; le troisième, il est saisi par la fièvre. Philippe de Cabassole, jugeant que l'obéissance coûtait trop cher à son ami, lui rendit ses manuscrits et ses livres, et, avec eux la joie et presque la santé. C'est par cette voie laborieuse dont rien ne pouvait le détourner, que Pétrarque s'acheminait vers la pleine possession de sa renommée, lorsque d'heureuses circonstances, dont il sut habilement profiter, hâtèrent l'heure où sa gloire devait recevoir une solennelle consécration.

Le roi Robert d'Anjou, qui unissait l'attention la plus ingénieuse à l'admiration la plus naïve pour tout ce qui touchait aux lettres [1], appelait Pétrarque à Naples ; Rome, plus heureuse que Paris, — qui voulait aussi honorer le grand littérateur, — l'attendait de là pour le couronner au Capitole. Pétrarque se rendit en Italie (1341), et reçut tous ces honneurs. Heureux le siècle où le génie n'ambitionnait qu'une couronne de laurier ! Nous savons par quels travaux Pétrarque mérita cette distinction et nous trouvons que ce triomphe, que Voltaire appelait « un célèbre hommage payé au poète, « alors unique par l'étonnement de son « siècle [2] », fut avant tout un acte de justice. Pétrarque voyait avec raison dans son triomphe autre chose qu'un éclatant hommage payé à sa gloire. Après avoir quitté Rome où il ne resta que peu de temps et retournant à Avignon par la Lombardie et les Alpes, il écrivait de Pise au roi de Naples :

« L'usage de décerner la couronne, non seu-

---

[1] VILLEMAIN, *Tableau de la littérature au moyen âge.*
[2] VOLTAIRE, *Histoire universelle.*

« lement interrompu pendant de longs siècles,
« mais entièrement oublié au milieu des soins
« si peu propres à ces pacifiques triomphes
« qui occupent à présent la république, a été
« renouvelé. Dans cette conquête de notre âge,
« vous avez été le général et moi le soldat. Je
« connais en Italie et dans les nations étran-
« gères des hommes d'un esprit supérieur, qui
« ont eu le même dessein que moi ; ils ont
« reculé devant la difficulté de faire revivre
« une coutume abolie depuis si longtemps et
« devant la crainte de l'innovation toujours
« suspectée. Maintenant que j'ai pris sur moi
« toute la responsabilité, j'espère qu'ils suivront
« mon exemple et s'empresseront avec une
« émulation heureuse pour les études d'aller
« cueillir les lauriers romains [1]. » Dans cette
lettre, Pétrarque affirmait que la vertu et la
science constituent la vraie noblesse ; il exhor-
tait ses contemporains à renouveler la gloire
de l'antiquité littéraire et il s'écriait : « Tra-
« vaillons vaillamment, espérons ; peut-être

------

[1] *Famil.*, IV, 17.

« arriverons-nous. Virgile a dit : « Ils peuvent
» parce qu'ils croient pouvoir. » Nous aussi,
« nous pouvons parce que nous croyons. »

De Pise, Pétrarque se rendit à Parme dont
ses amis, les Corrèges, venaient de s'emparer,
et il y resta un an, pendant lequel il fut nommé
archidiacre de la cathédrale [1]. Lorsqu'il revint
à Avignon, en 1342, Benoît XII mourait et
était remplacé par Clément VI. Suivant leur
usage, les Romains envoyèrent au nouveau
Pontife une députation pour le supplier de
rétablir le Saint-Siège à Rome. Pétrarque se
fit l'orateur des députés, parmi lesquels se
trouvait Nicolas Rienzi, qui prit aussi la parole,
et dont le nom devait bientôt retentir dans le
monde.

Après le départ de la députation romaine,
Pétrarque, que la politique avait un moment
distrait, se trouva face à face avec ses vieilles
passions, c'est dire qu'il en reprit le joug. Les
natures tendres et délicates n'ont qu'une éner-

----

[1] Pétrarque, qui avait reçu tout jeune la tonsure,
n'entra jamais dans les ordres.

gie d'imagination que démentent souvent la faiblesse et l'indécision de leur volonté, quand leur volonté se trouve livrée à ses propres forces en présence de l'obstacle sur le terrain de la lutte. Comme autrefois, Pétrarque allait exprimer en beaux vers les tourments de son cœur sous les ombrages de Vaucluse d'où il revenait souvent à Avignon, chez les Colonna et à la cour de Clément VI qui aimait à le recevoir. Un événement inattendu ramena Pétrarque à ses pieux desseins de retraite. Son frère Gérard perdit tout à coup la femme qu'il aimait. Il vit dans cette mort un avertissement du ciel, il dit adieu au monde et fut s'enfermer dans la Chartreuse de Montrieux. Pétrarque l'accompagna et passa quelques jours avec lui dans ce monastère bâti dans les régions montagneuses de la Provence, dans un lieu qui était, ce qu'il est toujours, un des plus beaux de ce monde [1].

---

[1] *Lettres d'un Voyageur à propos de botanique,* par George Sand *(Revue des Deux-Mondes,* 15 juillet 1868).

L'énergique détermination de son frère,
l'austérité, la piété des moines, leur chant
grave et solennel, et tous ces parfums célestes
qui s'échappent des cloîtres laissèrent dans
son âme des souvenirs et des images qui ne
s'effacèrent plus. Revenu à Vaucluse, sa solitude
peuplée de l'image de Laure et de ses rêves de
gloire lui parut bien vide en comparaison du
désert de Montrieux que des anges remplissaient de leur divine existence [1]. Il entra dans
une de ces crises morales que les auteurs
ascétiques appellent conversion, « à présent,
« dit-il, la vie qui s'enfuit et le lieu et le temps
« m'enseignent un autre sentier, celui qui
« conduit au ciel et où l'on recueille des fruits,
« et non pas seulement des fleurs et des
« feuillages. Je cherche, et il en est bien temps,
« un autre amour, d'autres feuillages, une autre
« lumière et une autre route à travers d'autres
« hauteurs, et enfin d'autres rameaux [2]. »

[1] *De Otio religiosorum, præf.*
[2] *Sextine,* V.

III

Pétrarque nous a laissé l'histoire de sa conversion dans le livre *Du Mépris du monde,* qu'il appelait son *Secret.* Il est intéressant de relire cette histoire; elle nous ouvre l'âme du poète et nous permet de suivre heure par heure les incidents des luttes dont elle fut alors le théâtre. En voici le curieux début :

« Je pensais comment j'étais entré dans la
« vie (c'est un sujet de méditation qui m'est
« habituel), lorsque dernièrement j'eus cette
« vision — ce n'était pas un de ces rêves
« familiers aux esprits malades, j'étais éveillé
« et plongé dans des réflexions qui me déchi-
« raient. Une femme resplendissante de
« lumière, d'une beauté dont les hommes n'ont
« pas assez l'intelligence, m'apparut tout à
« coup. J'ignore comment elle pénétra chez
« moi. Son air et ses traits annonçaient sa
« virginité. J'étais tout étonné des splendeurs

« dont elle était enveloppée ; je n'osais lever
« mes regards vers les rayons que répandait le
« soleil de ses yeux. « Ne tremble pas, dit-elle,
» et que mon aspect nouveau pour toi, ne te
» trouble point. Tes égarements m'ont touchée,
» et je viens de loin t'apporter un secours
» opportun. Assez jusqu'ici, oui assez, tu as
» regardé la terre avec des yeux obscurcis ;
» ces yeux que les choses d'ici-bas ont tant
» charmés, oh ! quel sera leur éblouissement,
» si tu peux les élever vers les choses éter-
» nelles ! » A ces mots, tout tremblant, je mur-
« murai d'une voix hésitante ces vers de
« Virgile : « O vierge, quel est votre nom,
» car ni votre visage, ni votre accent ne sont
» de ce monde ? » Elle répondit : « Je suis
» celle dont tu as tracé d'un pinceau si fin le
» portrait dans ton poème, celle à qui, sem-
» blable à l'Amphion de la fable, tu as bâti
» avec un art merveilleux et pour ainsi dire
» avec les mains de la poésie, une demeure
» splendide, incomparable sur les sommets de
» l'Atlas. Courage donc, écoute sans crainte,

5.

» ne redoute pas la présence de celle que tu as
» invoquée dans tes chants épiques. »

Pétrarque reconnaît alors la Vérité. Il aurait voulu la contempler, mais il ne pouvait en soutenir la divine clarté. Cependant la céleste visiteuse le force par ses questions à converser avec elle. Le solitaire se rassure peu à peu ; il lève enfin les yeux et aperçoit debout à côté de la Vérité, son maître chéri, saint Augustin. La Vérité charge l'illustre évèque de guérir l'âme de son disciple. « Il faut, dit-elle, qu'il « entende une voix humaine : elle le troublera « moins. Qu'il sache toutefois que toutes vos « paroles sortent de ma bouche. Je serai pré- « sente à votre entretien. » — « Votre autorité, « répond Augustin, et l'amour que j'ai pour « cet homme me font un devoir d'obéir. » En même temps il regarde Pétrarque avec bonté, le presse dans ses bras comme un fils bien- aimé, et l'attire à la suite de la Vérité qui mar- chait devant eux, dans un lieu plus retiré [1].

[1] *De Contemptu mundi, præf.*

On est tenté de rapprocher ce prologue de celui de la *Divine Comédie* et d'y trouver un souvenir de la forêt obscure, de Béatrix et de Virgile. C'est la même situation, la même conception originale chez les deux poètes philosophes, plus vaste, plus poétique chez Dante, plus restreinte, plus métaphysique chez Pétrarque. L'un a décrit les trois régions du monde invisible avec les procédés d'Homère et de Virgile, l'autre a parcouru les trois régions de son âme à la manière de Platon et de Cicéron. Voilà pourquoi ils prennent pour guide, celui-là Virgile, celui-ci Augustin, les représentants alors les plus connus et les plus aimés du genre que chacun adopte.

Quoi qu'il en soit de ces analogies, étudions un instant Pétrarque dans ce moment décisif de sa vie. Sous le regard de la vérité, à la lumière de sa foi religieuse, il interroge sa conscience avec une impitoyable sincérité. Dans le silence et la paix des champs, l'âme se plaît à se replier sur elle-même. En contemplant les spectacles de la nature, les levers radieux du soleil, les jours sereins, les soirs mélancoliques, les nuits étoilées, les sombres orages, elle se sent irrésistiblement saisie par l'idée de Dieu et de l'infini, par le sentiment de la fragilité et de la vanité des choses de ce monde. Quand, à ces dispositions où nous plonge la communication avec la nature, se joignent les remords de la conscience, les leçons du malheur, l'appel de Dieu, le dégoût de cette vie misérable et passagère est plus vif, l'attrait de la vie sainte, lumineuse, immuable est plus fort. Telle fut la touchante histoire de l'âme de Pétrarque. Dans l'analyse que nous allons donner de son *Secret,* tout en dépouillant sa pensée de sa forme dialogique, nous lui avons conservé son sens complet, ses développements essentiels, ses couleurs originales et souvent même son expression.

Pétrarque désire posséder les biens que la mort ne peut enlever, que les maux de la vie ne peuvent corrompre. Pour arriver à cette possession, il rencontre des obstacles : ce sont ses passions. Souvent il a pleuré sur ses désordres. Mais il ne suffit pas pour se relever de remplir le ciel et la terre de gémissements : il faut le vouloir. Cette volonté, il ne l'a jamais eue. Les remords qui ont accompagné ses plaisirs, ne lui ont jamais inspiré un désir sincère de rompre ses chaînes. Le regard de son âme n'avait pas pénétré assez avant la fragilité, la caducité de la vie présente, la pensée de l'éternité. Cette pensée l'enveloppe maintenant et le saisit ; il a la compréhension salutaire et des misères de la vie, et des horreurs de la mort. De cette compréhension naît la volonté ferme, inébranlable de revenir à la vertu et à Dieu. Il comprend enfin la vanité, l'iniquité des passions qui l'ont retenu dans leurs filets. Ces passions étaient l'orgueil, l'attachement aux biens matériels, l'amour.

Il se glorifiait de son génie et de sa beauté. Il s'est enivré de ses propres chants. Cependant, lorsque les mots s'échappaient de ses lèvres, harmonieux et cadencés, combien de fois la pauvreté de la langue a trahi l'abondance de ses idées, la richesse de ses conceptions !

Combien de fois sa plume s'est arrêtée impuis-
sante à trouver des mots pour peindre ses
pensées! Oh! que la parole humaine est
étroite et infirme ! Elle ne peut tout exprimer,
ou, si elle le fait, ce n'est qu'imparfaitement.
Souvent triste, découragé, il a interrompu ses
chants ou ses discours ; son âme, sans accents
dignes de ce qu'elle sentait, grondait en lui
comme l'orage renfermé dans la nue et qui ne
peut éclater. Pourquoi s'enorgueillir de sa
beauté? elle sera la proie du temps et de la
mort.

A côté de l'orgueil, il découvre avec étonnement une autre passion qui le retient loin de
Dieu : l'attachement aux biens matériels, leur
recherche ardente, insatiable. D'une main hardie, il veut sonder cette plaie qu'il avait jusque-
là couverte d'ingénieux prétextes. Ne fallait-il
pas avoir un état de maison conforme à sa
réputation? Ne fallait-il pas venir en aide à ses
amis, pourvoir au bien-être de sa vieillesse ?
C'est pour ces motifs qu'il s'est imposé ces
sollicitudes, ces soucis qui le rongent. Avec

quel plaisir il se rappelle les jours de sa jeunesse passés à Vaucluse. Alors, exempt de toute convoitise, il errait l'âme joyeuse, insouciante, à travers champs. Tantôt il s'étendait au milieu des hautes herbes des prairies, écoutant le murmure des eaux ; tantôt assis sur le sommet découvert des collines, il contemplait la plaine ; tantôt sous les ombrages de la vallée, il se plongeait dans le silence immense, solennel de la solitude. Il avait l'esprit toujours occupé de quelque méditation ou de quelque rêverie poétique. Puis, quand il rentrait dans sa petite maison, content de ce qu'il possédait, il se croyait le plus riche, le plus heureux des hommes. Maintenant son ambition serait de ne connaître ni le génie, ni l'abondance, ni le pouvoir, ni la servitude ; mais n'est-ce pas là encore un désir immodéré de la richesse et de la puissance ? En vain, il s'est retiré loin des villes et de leur tumulte : il n'a pas renoncé à ses projets de fortune. S'il se retire, ce n'est pas par dédain, c'est par impuissance, par découragement. Ce découragement, il est vrai,

lui est venu de ce qu'il n'avait pas l'art de solli-
citer à la porte des grands, de flatter, de tromper, de promettre, de mentir, de simuler, de
dissimuler, de tout souffrir. Ce n'est pas au but,
c'est aux moyens qu'il a renoncé.

Au-dessous de l'orgueil et de l'attachement
aux biens de la terre, s'ouvre béant aux regards
de Pétrarque l'abîme des voluptés des sens. Il
en sonde avec courage les honteuses profon-
deurs. Au milieu de ses ardeurs dévorantes,
plus d'une fois il a déploré son extrême sensi-
bilité ; plus d'une fois au milieu des révoltes
de la chair, il a envié aux rochers leur froide
immobilité. Il a tenté de se soustraire à l'empire
de cette passion ; il s'est aidé des conseils de
Platon, mais que peut Platon si Dieu reste
étranger aux efforts de l'âme pour s'arracher
aux plaisirs des sens ? Il a prié Dieu avec
larmes et gémissements, Dieu qui seul rend
l'homme chaste. Il s'est relevé grâce au secours
divin ; il est retombé cependant. Il crie sans
cesse vers le Seigneur. Le Seigneur maintenant
semble ne pas entendre ces cris ; ils ne sont, il

est vrai, qu'à moitié sincères. Dans son âme est resté un désir, qui n'ose s'avouer, des plaisirs dont il rougit.

Cette dernière racine du mal, il veut l'extirper. Il prie Dieu jour et nuit avec plus d'humilité et plus de sincérité. Il sait que Dieu arrive à l'heure où il paraît encore loin. Oh ! pourquoi resterait-il dans ces basses jouissances, qui accumulent en nous des ténèbres sous lesquelles disparaissent la beauté et la vérité divines ? Platon nous en avertit, et cette doctrine, on la trouve cachée, comme la lumière dans un nuage qu'elle colore, sous les fictions poétiques de Virgile.

Dans ce fond ténébreux de son âme, Pétrarque constate la présence de la noire mélancolie. Il connaît cette tristesse profonde, inquiète, qui lui fait trouver mal tout ce qu'il voit, tout ce qu'il entend, qui le pousse par moment jusqu'au plus sombre désespoir. Il cherche d'où peuvent lui venir ces excès de mélancolie ; il en trouve la source dans la persuasion où il est que la Providence est injuste à son égard.

Inique persuasion ! Il maudit sa pauvreté ; cependant qu'il regarde, non pas ceux qui ont plus que lui, mais ceux qui ont moins, et il trouvera peut-être qu'il possède cette médiocrité de biens où le Poète place le bonheur.

Il regrette d'être obligé de vivre sous la dépendance d'un maître, mais nous dépendons tous de quelqu'un. Ce n'est pas dans les biens terrestres, c'est dans les trésors de l'esprit et du cœur, en soi, qu'il faut chercher le principe de la liberté et de l'indépendance. Il maudit son exil et le lieu de son exil. Hélas! le souffle d'une tempête politique l'a arraché à son patrimoine, à son pays, à sa maison et l'a chassé dans une ville où tout lui est ennui et dégoût; il est des spectacles que les âmes généreuses ne peuvent supporter. Toutefois, a-t-il le droit de se plaindre, lui qui a vu passer sous son regard ému, en lisant les poètes et les historiens, tant de grandes infortunes? Si le tumulte de la cité le trouble, n'est-ce pas parce qu'il n'a pas la science du recueillement intérieur que rien ne peut dissiper? Au reste n'est-il pas libre de fuir ailleurs? Oui. Toute plainte sur ses lèvres est une injustice, tout murmure, un blasphème. Il n'a pas laissé à la raison le gouvernement de son âme; ses sens et son imagination ont tenu tour à tour le sceptre : renversement fatal de la loi de subordination, qui doit régner entre les puissances de l'homme, et dont il a trouvé de si gracieuses images dans ses chers poètes et ses chers orateurs! Sans doute il est une mélancolie, source intarissable de pleurs, que tout homme porte en soi-même par cela seul qu'il est homme; sans doute il est encore une mélancolie salutaire qui provient du sentiment de nos fautes et de nos chutes; mais il est une mélancolie qui enveloppe l'âme comme une nuée orageuse et pestilentielle, tue la vertu dans son germe et le génie dans son épanouissement : c'est la sienne. Il la déplore, il la condamne. Un examen sérieux de sa situation, une intelligence plus éclairée de la vie lui ont montré qu'il est moins misérable qu'il se l'était imaginé.

A la suite de la Vérité qui lui parle par la bouche de saint Augustin, Pétrarque aborde l'étude de la partie supérieure de son âme. Sur ces hauteurs, loin des orages des sens et des ombres des régions terrestres, tout lui apparaît d'abord pur et lumineux. L'amour et la gloire n'y brillent-ils pas comme deux astres dans un ciel sans nuage? Eh bien! cette lumière, il faut qu'il l'appelle ténèbre, ces astres, il faut qu'il les appelle trompeurs.

Toutefois, qu'il lui en coûte pour en arriver à cette condamnation! L'amour et la gloire ne sont-ils pas deux nobles passions? Son amour est pur, chaste comme son objet. Dans ce sentiment, s'il y a de la tendresse, il y a aussi de la vénération. La femme qu'il aime, ignore les terrestres préoccupations, ses désirs sont célestes, son visage rayonne d'un éclat vraiment divin, les éclairs de ses yeux, le son de sa voix, la grâce majestueuse de sa démarche, tout en elle est plus qu'humain. La mort peut cependant anéantir tous ces charmes; pourquoi donc attacher son âme immortelle à cette beauté périssable? Il le sait, un jour la tombe s'ouvrira pour son idole. Aussi ce qu'il aime, c'est cette âme où le ciel semble habiter et cette âme ne peut périr. Un amour si élevé est-il coupable? N'est-ce pas à cet amour qu'il doit son génie, l'élévation de ses sentiments, sa renommée? Oui, c'est parce qu'il a voulu se rendre digne de celle qu'il aimait, qu'il a renoncé aux plaisirs vulgaires dont la jeunesse a coutume de s'enivrer, qu'il s'est imposé de longs et pénibles travaux, qu'il s'est transformé!

Mais sa conscience repousse ce raisonnement de son cœur. Point d'illusion. Que de germes de vertu ont été étouffés par les ardeurs de sa passion, qui sont tombées sur son âme comme un feu dévastateur! Que de veilles, que de journées passées à soupirer vainement ont été perdues pour la science! Sans doute son amour l'a arraché à quelques grossiers plaisirs, mais pour le précipiter dans un abîme de misères splendides et néanmoins douloureuses et funestes. Encore son amour l'a-t-il vraiment rendu vertueux? il a gardé présents les jours de son enfance et de son adolescence, jours d'innocence, de simplicité, de piété; il aime à se retourner vers eux, et à ces souvenirs lointains, ses yeux se remplissent de larmes. Or, à quelle époque a passé sur cette fleur suave de ses jeunes années le souffle qui l'a flétrie? précisément à l'époque où a commencé son amour. Dans ces flammes, il a perdu son énergie, et au plus fort de sa passion, il est tombé plus bas que jamais. Comment ose-t-il appeler saint cet amour qui l'a rendu si coupable?

Ne peut-il pas au moins l'appeler heureux? Hélas! dès que cette passion l'eut saisi, il ne connut plus que les gémissements et les angoisses, et il en est arrivé à se nourrir avec une sorte de joie de ses larmes et de ses soupirs. Le sommeil l'a fui; il a passé ses jours et ses nuits à redire le nom de sa bien-aimée. Quel dégoût et quel mépris de la vie! Quel désir de la mort! Quelle passion pour la solitude! Comme ce héros d'Homère, seul dans les champs il a rongé son propre cœur. Dans ces tortures sa jeunesse s'est fanée avant le temps; ses yeux se sont épuisés à force de pleurer; son esprit perpétuellement agité ne voit plus que des fantômes; sa voix est devenue rauque, tant il a sangloté. Oh! que son amour était insensé! Laure rendait à son gré ses jours joyeux ou lugubres. Quand elle était présente, le soleil brillait dans son âme; quand elle s'en allait, son âme retombait dans la nuit. Il l'a fait peindre par un artiste célèbre, afin que son image fût sans cesse devant ses yeux comme s'il eût craint que la source de ses larmes pût tarir. Bien plus, il a poussé la folie de l'amour jusqu'à aimer tout ce qui avait quelque analogie avec cette femme. Il n'a plus rêvé que laurier, il a chanté le laurier dans tous ses vers avec un zèle digne d'un prêtre d'Apollon ou d'un habitant des rives du Pénée, et il a poursuivi avec une ardeur infatigable la couronne de laurier. Que de sollicitations, que de voyages, que de travaux lui a coûtés cette ambition!

Ainsi cette passion n'a produit que des désastres, dont le plus lamentable est l'oubli de son âme et de son Dieu. Courbé maintenant sous le poids de ces grandes misères, pourra-t-il se relever et se tourner vers la source pure et unique de la vérité et du bien ? O désespoir ! il comprend sa faute, il la déteste, et il brûle encore d'amour. Vivant, il porte la mort ! renoncera-t-il à sa passion ? oui, mais qui le fixera dans cette résolution suprême ? il fuira ce pays où tout lui parle de ses tourments. Déjà, sans doute, pour recouvrer la liberté, il s'est caché dans la solitude, il a fui jusqu'en Angleterre, il a erré sur tous les rivages. Hélas ! il était comme la biche, dont parle Virgile, qui s'enfonce dans la forêt emportant le trait qui l'a blessée. Si donc il veut se guérir par la fuite, qu'il efface de son cœur l'image de ce qu'il laisse. Il faut de plus qu'il ne retourne jamais sur ses pas, car que de fois, après une absence salutaire, revenu au berceau de sa passion, il s'est senti tout à coup repris, à l'aspect d'une rue connue, d'une maison aimée !

C'en est fait, il partira ; il ira en Italie,
l'Italie sa terre natale, l'Italie au ciel d'une
beauté sans rivale, l'Italie baignée de tous côtés
par les flots de la mer, aux sites enchanteurs,
aux mœurs douces et polies. Peut-être trou-
vera-t-il sur ces rivages chéris quelques jours
de bonheur. Pourtant il aime Vaucluse. Que de
douces heures il y a passées dans l'étude et
le travail ! mais il l'abandonnera ; cette solitude
nourrit sa passion, qu'il ne pourra bientôt plus
avouer sans honte. En effet, quoique sa jeunesse ne soit pas encore bien loin de lui, il voit,
si rapide est la course des ans ! les signes de la
vieillesse qui approche ; et quoi de plus ridicule qu'un vieillard amoureux? A ces consi-
dérations, il doit en joindre d'un autre ordre.
Qu'il pense à la beauté de l'âme, à la fragilité,
à la laideur du corps, à la brièveté de la vie, à la
certitude de la mort, à l'incertitude de l'heure
où elle frappe, à la sainteté de l'état ecclésias-
tique. Que n'a-t-il pas fait pour Laure? Il lui
a offert les flammes les plus ardentes de son
cœur, il lui a consacré ses travaux, il l'a

6

chantée et rendue célèbre. Elle, au contraire, l'a dédaigné, elle lui a ravi son temps, ce temps précieux qu'il devait à la science ; elle l'a éloigné de Dieu, elle l'a fait tomber dans un abîme honteux. Que le souvenir du passé périsse ! Il ne passera plus un jour, une nuit sans implorer le secours divin par ses prières et par ses larmes, il espère que Dieu mettra fin à ses maux.

Une dernière passion trouble son existence : le désir de la gloire. Cependant qu'est-ce que la gloire, sinon cet éclat dont la renommée entoure le nom d'un homme dans une cité, dans une nation ? Or, la renommée, n'est-ce pas l'appréciation du public ? Mais il condamne les mœurs du public, il en flétrit les actions, en méprise les idées, pourquoi donc en accepter les éloges ? Au reste, jusqu'où s'étendra sa gloire dans l'espace et dans le temps ? Dans l'espace, que de barrières ! Les mers, les déserts, les différences de mœurs, de langue, de nationalité s'opposent à la diffusion de la renommée. Le temps ne lui appartient pas, et bientôt peut-être la mort brisera sa plume. Puis tout contribue à effacer un nom de la mémoire des hommes : la mort des contemporains, l'oubli, apanage de la vieillesse, les caprices de la mode qui préfère les hommes nouveaux aux anciens, l'envie qui poursuit les hommes illustres même dans leur tombe, l'inconstance de l'opinion. On ne peut se promettre même la durée de son tombeau, qu'un arbre sauvage, en poussant, renverse ; de ses livres, que mille accidents détruisent. Cette terre n'est pas le lieu de l'immortalité.

Cependant renoncer à la gloire, n'est-ce pas renoncer à la science ? Non. Il continuera ses travaux, seulement il fera passer avant toute autre étude, celle de sa perfection morale. C'est ainsi qu'il trouvera la vraie gloire, car de même que l'ombre suit le corps que le soleil frappe de ses rayons, ainsi la gloire suit l'homme qui pratique la vertu sous le regard illuminateur de Dieu.

Pour s'affermir dans ses résolutions, il veut penser sans cesse à la mort. Toutes les fois qu'il verra les moissons de l'été succéder aux fleurs du printemps, et les neiges de l'hiver, aux fruits de l'automne, il se dira : Les saisons passent, mais elles reviennent ; moi, je m'en vais et ne reviendrai plus. Lorsqu'il verra le soleil tomber à l'horizon et l'ombre descendre des montagnes, il se dira : Ma vie fuit, la mort approche. Demain le soleil reparaîtra, mais pour moi ce jour s'est évanoui sans retour. Lorsqu'il contemplera le spectacle ravissant d'une nuit étoilée, lorsqu'il suivra les astres décrivant dans le silence du ciel leurs courbes harmonieuses, il se souviendra qu'il participe à leur mobilité, et se dira : Ma seule espérance est de vivre désormais en celui qui ne connaît pas de changement en sa vie, ni de déclin dans ses jours. Il tiendra ainsi le regard de son âme fixé sur le tombeau, et n'oubliera pas que la vie du philosophe est une préparation à la mort.

C'est à la lumière qui jaillit de la pensée de la mort, qu'il veut désormais juger toutes choses et se diriger dans toutes ses actions. Il veut revenir à la possession pleine et entière de son âme, que l'orgueil, la convoitise, l'amour, la gloire avaient répandue au dehors de lui ; il la recueillera. Au milieu des travaux qui l'attendent encore, il demeurera en lui-même. Que Dieu soutienne sa volonté dont tant d'orages ont affaibli l'énergie, et qu'il lui donne de marcher sans défaillance dans la voie nouvelle où il est entré !

Pétrarque ne se contente pas d'écrire ainsi son *Secret* en face de la Vérité, en lisant avec sincérité dans son cœur. Croyant convaincu, il se prosterne aux pieds de son Dieu mort sur la croix et les arrose de ses larmes. Comme il a consigné les arrêts de sa conscience dans les pages que nous venons de résumer, il a fixé l'écho des cris de son repentir dans sept psaumes, à l'imitation du roi David, le modèle des pénitents[1]. Chaque verset est un sanglot de son cœur brisé. Ce grand esprit qu'on a trop coutume de se représenter uniquement

[1] *Senil.*, X, 1.

occupé à chanter Laure, ne s'est pas seulement jugé avec l'austérité d'un philosophe chrétien. Le voilà maintenant dans sa maison solitaire, loin de tout regard humain, à genoux devant son crucifix, trouvant dans la vivacité de sa foi et de son repentir des accents semblables à ceux dont les fils de saint François d'Assise remplissaient alors les vallons de l'Ombrie.

« Mon Dieu, disait-il, si je pouvais détester
« mes péchés et vous aimer au moins à cette
« heure tardive ! D'où me viendra le repentir
« avec ses gémissements salutaires ? Seigneur,
« brisez mon cœur dur comme un rocher,
« afin que de cette pierre insensible coulent
« des fontaines de larmes ; que ces pleurs puri-
« fiants jaillissent par torrents et qu'ils des-
« cendent dans mon bourbier ! Je passe mes
« nuits à gémir...., ma conscience me harcèle
« et s'élève contre moi. Mon Dieu, hâtez-vous,
« secours et pitié ! Ma confiance en moi-même
« était sans borne ; j'aspirais à de grandes
« choses, je me créais un avenir chimérique
« où je plaçais ma joie. Maintenant je me

« réveille et je pleure sur mes illusions éva-
« nouies. Ombre vaine, fumée que disperse le
« vent : voilà ce que je suis... Gardé par vous,
« donnez-moi, Seigneur, de demeurer pour
« mon salut dans ces sentiments. O Jésus,
« sauvez-moi, soutenez-moi d'une main misé-
« ricordieuse et ne permettez pas que je roule
« au fond de l'abîme [1]. »

IV

Pétrarque avait passé une grande partie de
l'année 1343 à reconnaître et à pleurer ses
égarements, lorsque Clément VI et le cardinal
Colonna l'arrachèrent à sa solitude pour
l'envoyer à Naples avec une mission diploma-
tique. Sa mission remplie, Pétrarque se hâta
de quitter Naples où l'honnête Cabassole que
Robert, en mourant, avait nommé adminis-

---

[1] *Psalmi pœnitentiales* VII, passim.

trateur du Royaume, luttait en vain contre l'influence malheureuse d'un moine, la légèreté de la reine Jeanne et les intrigues des courtisans. Il aurait bien voulu s'arrêter à Parme, mais il trouva ses amis, les Corrèges, divisés entre eux et assiégés dans leur ville. L'Italie était ravagée par la *grande compagnie* du féroce Guarnieri et par la guerre civile. Ce ne fut pas sans péril que Pétrarque put regagner la Provence. Dès son retour, il fut demander à Vaucluse la paix qu'il n'avait pas trouvée dans son pays. Il écrivit à Philippe de Cabassole :

« Chassé de l'Italie par les discordes civiles,
« j'ai fixé mon exil à Vaucluse, acceptant et
« maudissant tout à la fois ma destinée. J'ai
« ici des bois, des eaux, le repos, un site char-
« mant. Hélas ! mes fidèles amis en sont
« absents. Je n'ai pas la joie de leur présence
« et cette privation trouble mes champêtres
« plaisirs. Cependant je suis heureux d'avoir
« pu arrêter ma course dans ces lieux qui me
« sont connus. Mon enfance les a visités, ma

« jeunesse s'y est cachée ; puissé-je y passer
« mes derniers jours ! La renommée qui
« publie d'incessantes nouveautés, oublie de
« nous parler de bonheur ; ici tout m'en parle.
« J'ai donc pris la résolution de passer dans
« votre campagne les années qui me restent à
« vivre. Dans cette terre que de tristes guerres
« ne désolent pas, j'ai trouvé, vénérable Prélat,
« le pays natal, une montagne et une source
« sacrées, un asile pour les muses fatiguées et
« fugitives. La lecture de mes petits ouvrages
« pourra vous reposer un peu de vos travaux.
« En attendant, leur composition me fait
« oublier une guerre mortelle. Vaucluse sera
« Naples pour vous, pour moi, c'est Parme
« aux doux souvenirs. Seulement nous n'y
« verrons pas de noires trahisons, nous n'y
« entendrons pas crier aux armes. Que d'autres
« aiment les richesses, moi, j'aime la vie tran-
« quille et n'ambitionne que d'être poète. Ce
« nom n'est pas rare : que cette gloire ne me
« fasse pas rougir. Pour vous, que ne fermez-
« vous à jamais la carrière des honneurs à

« votre ambition rassasiée ? Vous allez, vous
« venez. Ces courses ont usé votre navire aux
« flots des mers. Ne voyez-vous pas combien
« vous vous exposez aux coups de la mort,
« combien il y a de divisions à la cour, d'am-
« bitions masquées, d'inévitables soucis ? Sui-
« vez mon conseil : retirez-vous, fuyez les
« périls et les misères du monde, tandis que les
« vents favorables enflent vos voiles. A Vau-
« cluse, vous goûterez les douceurs du repos.
« Je vous rappelle à votre foyer..... Songez
« qu'il est temps de ramener au rivage votre
« barque fragile. C'est ma ferme convic-
« tion. La pensée de notre dernière heure
« m'avertit de mettre un terme à mes désirs
« ambitieux. Je suis assez riche avec mon
« petit jardin, dont les arbres déjà vieux
« demandent à être remplacés. Quand le temps
« voisin de la mort viendra, temps peu propice
« aux ébats de la jeunesse, nous nous repo-
« serons sous les ombrages des arbres nou-
« veaux, si toutefois nous arrivons à la vieil-
« lesse. Ces vergers nous couvriront d'une

« ombre agréable, tandis que nous jetterons
« des hameçons dans l'eau profonde de la
« rivière. Vaucluse nous nourrira avec abon-
« dance. La pêche, la prune, la poire feront les
« honneurs du dessert. Vos gens, si vous le
« permettez, me chercheront des arbustes pour
« mes plantations. N'ayez aucun remords
« d'assurer à votre vieillesse des jouissances
« qu'elle ne pourrait se procurer. Voilà ce que
« vous écrit au milieu des bois, dirais-je l'exilé
« ou le voyageur de la Sorgue [1] ? »

Pétrarque n'en était pas à son dernier
voyage ou à son dernier exil. Les arbres nouveaux dont il orna son jardin, n'avaient pas
encore poussé leurs premières feuilles, qu'il
quitta Vaucluse. Guillaume de Pastrengo,
Azzo de Corrèges que les révolutions avaient
chassé de Parme, prièrent Pétrarque de venir
les rejoindre à Vérone. Vivre avec quelques
amis dans une douce et cordiale intimité fut

---

[1] *Carm.*, I, 6.

le rêve constant de Pétrarque, et dès qu'il entrevoyait quelque part la possibilité de le réaliser, il y courait avec une ardeur que les années, ni les déceptions ne refroidirent jamais. Peut-être aussi craignait-il alors quelque réveil de ses passions ; il savait à quelles chutes le conduisait son amour, amour qui le tourmentait encore, et que Laure ravivait par les artifices et les ruses, qu'elle avait jadis employés pour retenir son captif.

Pour partir, il fallut obtenir le consentement du cardinal Colonna, qui ne le donna qu'après de longs débats, dont le poète nous a conservé le souvenir dans une belle églogue latine intitulée *Séparation*. «... Ce côté des monts me déplaît », y dit Pétrarque sous le nom d'Amyclas, « le ciel me paraît s'assombrir au coucher « du soleil, et il me semble voir des astres « funestes se lever à l'horizon. Je reconnais « dans ces signes l'amour impérissable de la « patrie qui me rappelle. Là-bas sous les « gazons couverts de rosée, les violettes ont « de plus douces couleurs, et les roses, au

« milieu des bruyères, ont plus d'éclat et de
« parfum ; là-bas, un ruisseau limpide connu
« de mes pères m'a fait une riante prairie ; le
« suc des herbes en Italie est d'une douceur
« incomparable [1]. » Il partit.

Le souvenir de Laure et le soin de sa fortune
ramenèrent bientôt le fugitif. Clément VI,
Jean Colonna et tous les cardinaux firent à
Pétrarque le meilleur accueil. Le Pape lui
offrit la charge de secrétaire apostolique. Le
poète, qui avait déjà refusé l'épiscopat à cause
des redoutables devoirs qu'il impose, ne voulut
pas d'une fonction qui l'aurait asservi. Il ne
désirait qu'un bénéfice bien doté, qui lui permît
de vivre dans une honnête aisance, en lettré
indépendant [2]. On lui donna un canonicat à
Parme, et, en attendant mieux, il vivait retiré
à Vaucluse.

L'évêque de Cavaillon, revenu de Naples,
prit quelques jours de congé à sa campagne,
ayant de partir pour une nouvelle ambassade.

---

[1] *Egloga* VIII.
[2] *Famil.*, IX, 5.

7

Si Pétrarque raconta à son ami les révolutions, qui avaient chassé de Parme les Corrèges, Philippe de Cabassole put lui retracer le drame sanglant, qui venait de s'accomplir à Naples, les horreurs de cette nuit d'Aversa, où le prince André fut arraché de son lit, pendu à un balcon du château, tandis que l'indigne fille de Robert fermait la porte de sa chambre pour ne point entendre les cris de son malheureux époux. A ces récits l'évêque et le poète opposaient la peinture des charmes de la solitude et de la paix des champs.

Ces entretiens donnèrent à Pétrarque l'idée de composer un livre sur la vie solitaire. Il le commença aussitôt. En écrivant « au bruit des « eaux de sa chère fontaine » ces pages de philosophie si chrétienne et si pieuse de la première partie de ce traité, Pétrarque éprouve lui-même ce qu'il dit de la solitude, qu'elle est le sanctuaire de la sainteté, de la simplicité, de l'innocence, de la pureté[1]. Il se sent plus près

---

[1] *De Vita solitaria,* l. I, cap. 4.

de Dieu dont tout, dans la nature, retrace à son regard attentif la miséricorde. « Arriver « jusqu'à lui, dit-il, c'est le bonheur ; s'efforcer « d'y arriver, c'est la vertu[1]. » Il voudrait se débarrasser de son cœur tel que l'ont fait ses passions ; tant qu'il portera ce fardeau, il pourra parcourir la montagne, s'enfoncer dans les bois, le tumulte le suivra partout : il ne jouira jamais qu'extérieurement des suavités de la solitude. C'est pourquoi il demande à Dieu de créer en lui un cœur nouveau et de changer ses inclinations.

La solitude de Vaucluse ne lui suffit plus, lui semble-t-il. Il désire s'enfermer dans une retraite plus sainte, plus à l'abri des souffles du monde, de ses vanités, de ses agitations. Il soupire vers la vie religieuse, il soupire vers le ciel dont la vie religieuse n'est que le vestibule, le ciel plein d'harmonies jamais interrompues. Descendant du sommet de ces divines aspi-

[1] *De Vita solitaria,* l. I, cap. 4.

rations, vers d'autres rêves, il voudrait que
Philippe de Cabassole, Pons Samson, Gui Settimo et quelques autres amis vinssent partager
sa solitude ; avec une modeste fortune, des
livres et l'amour de l'étude, rien ne manquerait
à leur bonheur. « Je crois qu'une belle âme,
« écrit-il, n'a de repos ici-bas à espérer qu'en
« Dieu qui est notre fin dernière ; qu'en elle-
« même et en son travail intérieur, et qu'en
« une âme amie qui soit sa sœur par la ressem-
« blance [1]. »

Pour déterminer l'évêque, il lui rappelle que
saint Véran a habité Vaucluse, qui garde encore
son tombeau et le parfum de sa sainteté ; il lui
annonce qu'il a le projet d'élever à côté de ces
vénérables reliques une chapelle consacrée à la
Vierge Marie. Cabassole venait souvent sur-
prendre Pétrarque dans sa petite bibliothèque.
Tandis que le solitaire écrivait, Philippe lisait
ce qu'il avait déjà composé, préférant cette

---

[1] *De Vita solitaria*, l. I, cap. 4.

lecture à celle des ouvrages des Anciens. « Il
« le faisait, dit Pétrarque, par amitié pour
« moi, et aussi par amour de la nouveauté, qui
« a ses charmes. » Lorsque l'aimable prélat
s'absentait, Pétrarque se distrayait en faisant
de la musique. Il portait toujours avec lui son
luth. « Hélas! » dira-t-il dans son testament,
en le léguant à un de ses amis, « je m'en suis
« trop servi pour chanter les vanités du siècle;
« pour toi, ne l'emploie qu'à célébrer les
« louanges du Dieu éternel. » La musique est
bien le délassement des nobles esprits. « Son
« influence recueille, et en la ramenant vers sa
« source, rend aussitôt à l'âme la sève des
« sentiments, des lumières, des élans. Comme
« la prière et la poésie avec lesquelles elle se
« confond, elle ramène vers le ciel, lieu du
« repos [1]. »

Pétrarque se délassait encore en cultivant
son jardin. A quelques pas de la source de la

[1] GRATRY, *Logique*, t. II, l. VI.

Sorgue, au milieu des cailloux verts comme des émeraudes sur lesquels elle roule ses eaux limpides, il avait créé une petite île où il avait planté des arbres. Mais pendant ses voyages en Italie, la fontaine débordée avait tout emporté. C'est à réparer ces dévastations qu'il s'occupait. Cette fois, il entoure son jardin d'énormes blocs de rochers, qu'il détache de la montagne à l'aide d'un laboureur et d'un pécheur ; il y transporte la terre féconde de la vallée, sème, arrose, cultive, et par deux épîtres où il décrit sa lutte et ses travaux, il invite Jean Colonna à venir voir son ouvrage, lui offre l'ombre de ses arbres, le chant de ses rossignols, ses figues, ses raisins, l'eau fraîche de la rivière. Cependant il lui permet de porter avec lui des mets plus fins, du vin du Vésuve et sa vaisselle d'argent [1]. Le cardinal se rendait souvent à ces aimables invitations.

A la fin de l'automne, Pétrarque retournait à

---

[1] *Carm.*, l. III, 1.

Avignon. Toutefois, il profitait souvent de ces journées d'hiver, splendides comme un jour de printemps, qui ne sont pas rares sous le ciel de Provence, pour faire une course à Vaucluse. De là il allait à Cavaillon. Quand il y manquait, Cabassole l'envoyait chercher. Pétrarque lui répondit un jour : « Je viendrai vous voir « puisque cela vous fait plaisir, et j'amènerai « notre Socrate qui vous est tout dévoué. Nous « arriverons demain. Nous ne craindrons pas « les regards de la ville quoique nous n'ayons « que des habits grossiers de campagnards, car « nous sommes ici depuis hier. Nous avons « fui à la hâte, comme on saute d'une barque « sur le rivage, lorsqu'elle s'engloutit, la cité « pleine de boue et de tumulte, sans autre « dessein que de goûter les douceurs de la « solitude et de l'oisiveté. Notre costume con- « vient aux champs et à l'hiver. Tels que nous « sommes, nous obéirons à vos désirs et à « l'attrait de notre cœur, sans nous inquiéter « beaucoup comment nous paraîtrons au « dehors devant un ami qui lit, nous l'espé-

« rons, dans le fond de nos âmes. Vous
« agréerez, aimable Prélat, cette manière d'agir.
« Vous voulez nous avoir souvent pour hôtes;
« permettez-nous alors de nous asseoir fami-
« lièrement à votre table, et recevez-nous sans
« façon[1]. »

C'est de Vaucluse que Pétrarque aimait à
écrire à ses amis d'Italie. Au commencement
du printemps, il adressa cette charmante lettre
à Guillaume de Pastrengo :

« L'aspect rebutant de la ville et l'amour
« de ma chère solitude m'ont poussé à venir
« visiter les limpides fontaines et à contempler
« cette source de la Sorgue qui excite puis-
« samment la verve du poète et donne des ailes
« vigoureuses au génie. Vous verriez à présent
« ce champ pierreux, que vous m'avez aidé à
« défricher, émaillé de fleurs. Il est borné,
« d'un côté par la rivière profonde, de l'autre,
« par des rochers fort élevés, qui s'étendent au

[1] *Famil.*

« couchant, et qui répandent l'ombre au milieu
« du jour. Le souffle attiédi du zéphyr pour-
« rait pénétrer par le midi, mais il y a un mur
« rustique, qui en défend l'entrée au vent, aux
« troupeaux et aux hommes. Les oiseaux font
« leurs nids dans les rochers. Les uns le
« tapissent de mousse, les autres, de feuilles
« d'arbre. Les nouveau-nés essayent en trem-
« blant leurs petites ailes ; ils saisissent d'un
« bec timide la nourriture qu'on leur apporte.
« Toutes les fentes des rochers retentissent de
« cris plaintifs. C'est un charmant spectacle
« plein de tableaux variés, de chant et de
« doux tumulte. Toutefois, à peine puis-je
« passer là un jour en paix. Je ne saurais me
« débarrasser des filets de la cour romaine.
« Hélas ! je le mérite bien. J'ai repris un joug
« et des chaînes dont je connaissais tout le
« poids. Cependant c'est un jour heureux de
« plus dont je garderai le souvenir. Tandis
« que je me promène sur les bords de la
« Sorgue, que j'examine les arbres que j'ai
« greffés moi-même, et les lauriers que j'ai fait

7.

« venir des pays étrangers, je vois sortir de
« tous côtés l'image de mon cher Guillaume.
« Ce tertre où nous nous sommes assis, ce
« gazon où nous nous sommes étendus, ce
« rivage d'où nous avons fait des ricochets sur
« l'eau qui coulait à nos pieds ; tout me parle
« de vous. Ici, nous avons pris plaisir à rappe-
« ler les muses d'un long exil, à comparer les
« poètes grecs et latins, à nous entretenir,
« oubliant nos contemporains, des ouvrages
« divins de l'antiquité. Là, livrés aux charmes
« d'une douce causerie, nous aurions oublié le
« souper, si la nuit ne nous y avait fait penser.
« Pendant que je ramène à ma mémoire le
« souvenir de ces heures enchantées, le jour
« baisse rapidement, il faut partir. »

Le délicieux vallon vit son hôte lui revenir
aux approches du Carême 1347. Pétrarque
était allé auparavant passer quelques jours à
Montrieux. Les moines désiraient vivement
entendre parler l'illustre frère de Gérard, ils le
prièrent de leur faire quelques entretiens sur
la vie religieuse. Le temps ne permit pas à

Pétrarque de satisfaire la pieuse curiosité des solitaires, mais il leur promit d'écrire pour eux ce qu'il aurait aimé à leur dire. De retour à Vaucluse, il n'oublia pas sa promesse, et il employa la sainte Quarantaine à composer le livre *De Otio religioso*, qu'il envoya aux Chartreux avant la fête de Pâques. Cette œuvre nous donne la date d'un nouveau progrès de son auteur dans les idées et la morale chrétiennes ; il importe à ce point de vue de s'y arrêter un instant.

Dans ce traité on ne rencontre point le fatigant étalage d'érudition classique où Pétrarque se complaît quelquefois. Les expressions de la sainte Ecriture naissent naturellement sous sa plume dans une suite d'idées peu développées, mais saillantes. Il donne aux moines les meilleurs conseils pratiques sur la direction de l'esprit et du cœur, pour que le cœur et l'esprit puissent goûter le repos, l'un à l'abri de l'erreur, l'autre à l'abri des passions du monde. Il assceoit sa doctrine sur la base aussi grande que simple de la connaissance et de l'amour de Jésus-Christ.

De bonne heure, Pétrarque avait compris le mal de son siècle s'égarant dans de vaines disputes d'école, dans de stériles subtilités théologiques à la suite desquelles — on pourrait dire à la faveur desquelles — l'incrédulité radicale faisait de rapides progrès. A ce courant désastreux, il ne voyait d'autre digue à opposer que la pierre angulaire de la Révélation : Jésus-Christ, vrai Dieu et vrai homme plus étudié et plus aimé. Il prouve que le Christ est Dieu parce que seul il a fait les œuvres d'un Dieu, parce que seul il réalise tout ce que les vrais prophètes et les traditions prophétiques répandues chez les païens annonçaient du Dieu qui devait se faire homme. C'est dans la clarté divine de ces témoignages que le Christ apparaît Dieu avec une évidence, que l'intelligence humaine ne peut refuser d'accepter. Cette clarté ne s'est point éteinte dans le monde : elle resplendit toujours. Elle nous donne la vision du Christ par la foi, par l'intelligence, et renouvelle pour nous les charmes de la vision corporelle du Sauveur, dont l'Homme-Dieu disait

à ses contemporains : Bienheureux les yeux
qui contemplent ce que vous voyez. Pétrarque
compare avec un style imagé, éloquent, ces
deux visions, leurs joies, leurs avantages. Il
expose ensuite le dogme de l'Incarnation et
réfute les objections qu'on pourrait faire contre
la pratique de la doctrine de Jésus-Christ ; il
résume les preuves sur lesquelles repose la
divinité de cette doctrine : le témoignage des
Apôtres, leur prédication, le sang des Martyrs,
la propagation merveilleuse de la foi. C'est à
ces preuves qu'il renvoie ceux qui demandent
des miracles nouveaux. Tout cela est écrit
avec beaucoup d'onction et surtout d'humilité.

Pétrarque demande pardon aux moines
d'oser leur prêcher, lui misérable pécheur qui
devrait se taire devant leur sainte milice ; il les
supplie de répandre pour lui en présence de
Dieu leurs prières. Comme dans son livre de
la *Vie Solitaire*, Pétrarque cite souvent les
Psaumes, les livres sapientiaux et le Nouveau
Testament. Jusqu'ici la Bible lui avait été peu
familière. Son titre de chanoine de Parme

venait de l'obliger à réciter l'office divin, qu'il
ne disait pas encore assidûment, car, quoique
chanoine de Lombez depuis longtemps, aucun
bénéfice n'étant attaché à ce canonicat dont il
ne prit d'ailleurs jamais possession, rien ne lui
imposait ce devoir. Il prit goût aux saintes
Ecritures. La majesté et le parfum de cette littérature le séduisirent, il s'en nourrit dès lors
« non pas pour devenir plus savant, mais pour
« se rendre meilleur ». La lecture de la Bible
fait pour lui à cette époque ce qu'à un autre
moment de sa vie avait fait la lecture des
Confessions de saint Augustin : elle lui ouvrit
du côté de Dieu un horizon nouveau. En
même temps que son esprit s'envolait vers le
ciel sur les ailes de feu de la poésie biblique,
son cœur s'en approchait par les saintes pratiques de la pénitence chrétienne. Il écrivait à
son frère :

« ...Pour moi, dont le sort au milieu des
« orages déchaînés qui m'enveloppent, inquiète
« fort et avec raison ton amour fraternel, aie
« bon espoir, sans toutefois te rassurer pleine-

« ment. Je n'ai pas oublié les conseils que tu
« m'avais donnés, la dernière fois que je t'ai
« quitté. Je n'oserais pas affirmer que je suis
« entré dans le port. J'ai fait comme les nau-
« toniers que la tempête surprend dans la
« haute mer, j'ai opposé le rivage d'une île aux
« vents et aux flots. Là, je me tiens caché jus-
« qu'à ce que j'aperçoive un abri plus sûr. Et
« quelle est ta vie, me diras-tu ? Apprends que
« sous les auspices de Jésus-Christ, je suis,
« comme je peux, tes trois recommandations, et
« m'efforce chaque jour de les suivre plus
« exactement. Je te raconte ces choses, non
« pour me glorifier (je suis encore plongé dans
« beaucoup de maux et de misères, je pleure
« le passé, je supporte péniblement le présent,
« et je crains l'avenir), mais c'est pour que tu
« commences à te réjouir, et aussi, pour
« qu'espérant davantage, tu pries avec plus de
« ferveur. Or, voici les trois points dans les-
« quels je t'ai obéi. D'abord, j'ai découvert
« par une salutaire confession les souillures
« cachées de mes fautes, qu'une longue et

« funeste négligence avait laissé pourrir. J'ai
« pris l'habitude de me confesser plus souvent
« et de montrer ainsi la blessure secrète de mon
« âme au Médecin tout-puissant. Ensuite, moi
« qui étais si paresseux pour réciter l'office du
« jour et celui de la nuit, grâce aux mysté-
« rieuses sollicitations du Christ, jamais
« l'aurore ne me trouve endormi ou muet,
« quelle que soit la fatigue de mes veilles pro-
« longées. Cette parole du Psalmiste : *J'ai*
« *chanté vos louanges sept fois par jour*, m'a
« plu tellement, qu'aucune occupation ne m'a
« distrait de ce devoir. J'ai aussi pris un tel
« goût à cette parole : *Au milieu de la nuit je*
« *me suis levé pour vous louer*, que toutes les
« nuits, à cette heure, je sens comme un être
« inconnu, qui vient me réveiller et m'empêche
« de dormir quoiqu'accablé d'un lourd som-
« meil. Troisièmement, je redoute maintenant
« plus que la mort les plaisirs sans lesquels
« j'avais pensé quelquefois ne pouvoir vivre.
« Et, quoique je sois souvent assailli de
« violentes tentations, quand je me rappelle

« ce qui fut l'objet de mon inconduite, toute
« tentation disparaît aussitôt, et je retrouve
« ma liberté et ma tranquillité[1]. »

Tandis que Pétrarque donnait aux Chartreux de Montrieux les meilleurs conseils pour
la conduite de la vie, et qu'il les pratiquait lui-
même avec cette ferveur qui accompagne le
retour vers Dieu après de longs égarements, un
événement incroyable vint tout à coup le sur-
prendre à Vaucluse et le relancer dans la vie
publique.

V

Nicolas Rienzi avait chassé de Rome la tur-
bulente noblesse, et le peuple l'avait proclamé
tribun. Pétrarque accourut à Avignon. Il crut
à la réalisation de ses rêves politiques, et
défendit le nouveau Brutus avec une ardeur
qui lui fit oublier ce qu'il devait à ses vieux

----

[1] *Famil.*, X, 5o.

amis, les Colonna. La politique ne devait pas
porter bonheur à Pétrarque. Aujourd'hui il
applaudit Rienzi, demain il servira les Visconti
et il appellera Charles IV à régner sur son
pays. Je sais bien que Pétrarque ne fut pas
inconséquent avec lui-même, que sous ces
divers drapeaux il voulut servir la même
cause, la cause de l'Italie qu'il désirait voir
une et forte à la tête des nations ; qu'il n'obéit
jamais qu'à des sentiments généreux où l'ambition, la rancune, la cupidité n'eurent aucune
place ; qu'il pleura plus d'une fois avec des
larmes amères les amitiés qu'il immolait à ses
convictions politiques. L'erreur de Pétrarque
fut d'avoir changé en espérances les souvenirs
de l'histoire romaine et d'avoir rêvé un état
politique irréalisable ; son tort d'avoir voulu le
réaliser. Avec son projet d'empire universel, il
était l'homme d'un passé à jamais évanoui ;
avec son projet d'Italie réunie sous un même
sceptre, il était l'homme d'un avenir que les
Italiens de cet âge ne désiraient point ; enfin
avec son projet de cohabitation à Rome des

deux pouvoirs, il était l'homme d'un rêve qui tourmente encore son pays. Voilà pourquoi, en définitive, la politique de Pétrarque n'eut point d'influence considérable sur les événements de son siècle.

Tandis que le patriotisme de Pétrarque lui faisait goûter la joie austère que procure l'accomplissement du devoir envers son pays, son cœur lui donnait de plus douces consolations. Sa passion pour Laure s'était peu à peu dépouillée de ces ardeurs sensuelles, qui alarmaient l'épouse et la chrétienne : elle se changeait en amitié. Pétrarque a décrit ainsi cette transformation : « Ma saison de fleurs et de « verdure achevait de s'éteindre, et déjà je « sentais s'attiédir le feu dont mon cœur fut « brûlé ; et j'étais parvenu à ce point où la vie « descend pour tomber à la fin. Déjà mon enne- « mie bien-aimée commençait à se rassurer « de ses soupçons, et sa douce bienveillance « tournait en joie mes acerbes tourments. Je « voyais s'approcher le temps où l'amour se « rencontre avec la chasteté, et où l'âge leur

« permet de s'asseoir ensemble et de s'entre-
« tenir de ce qu'il leur arrive [1]. »

Le nom de Vaucluse devait comme toujours se trouver mêlé aux consolations et aux chagrins que les événements de la vie publique ou de la vie privée, apportaient à Pétrarque. Il se déroba pendant quelques jours à Avignon. Enfermé dans son cher vallon, il consacra à Laure des chants où éclatent les transports d'une passion qui n'a plus rien de la terre; il compose une églogue en l'honneur de Rienzi, et dans ses lettres il lui décrit l'ombre qui descend le soir de ses collines, les frais ombrages, le silence propre aux études, de sa vallée qui ne retentit que des concerts des oiseaux, des mugissements des bœufs et du bruit des eaux, les curieuses *vicissitudes* de la fontaine et la beauté unique de ses flots, qui courent sur un lit d'émeraudes [2].

[1] Sonnet 274.
[2] Var., 42.

Cependant l'étoile du tribun commençait à pâlir. L'extravagance de ses marches triomphales, le faste qu'il étale, les airs de souverain qu'il prend, les ridicules et sacrilèges cérémonies qu'il fait célébrer à Saint-Jean de Latran, choquent le peuple romain ; la noblesse relève la tête ; Clément VI laisse battre de verges, aux portes d'Avignon, le courrier que Rienzi lui envoie. A ces signes, Pétrarque prévoit les malheurs qui menacent son ami ; il sent que sa place est à côté de lui pour prévenir sa chute par ses conseils et son influence. D'ailleurs, les Corrèges n'avaient cessé de le rappeler en Italie, et les ennuis qu'il éprouvait alors dans sa vie intime étaient bien de nature à lui faire fuir Avignon.

La complice de ses désordres ne pouvait croire à sa conversion ; elle assiégeait sa porte ; s'il la chassait, elle revenait et passait la nuit à l'espionner. Pétrarque avait beau lui jurer qu'il voulait vivre dans le célibat, elle se moquait de lui. Ses anciens camarades venaient l'assaillir en troupe. Aujourd'hui, lui disaient-ils, il y a une grande fête, les dames s'assembleront à tel endroit : il faut y aller. Il protestait vainement que ces assemblées ne l'amusaient plus; ils se récriaient, et l'entraînaient de force. Les procureurs, les gens d'affaires, les protecteurs le poursuivaient de leurs conseils et de leurs demandes. Il n'obtenait pas même de son tailleur que ses habits fussent plus amples que par le passé, et de son cordonnier que ses souliers fussent plus larges [1].

Aussi au mois de novembre Pétrarque était en route pour l'Italie. Son âme dut tressaillir d'une joie plus considérable que jamais, lorsqu'il aperçut Gênes et respira l'air de ces rivages si souvent quittés, vers lesquels il revenait avec l'espérance d'y finir ses jours sous la double garde de l'amitié et de la liberté. Hélas ! l'amitié seule l'y attendait. La liberté périssait dans les mains du libérateur de Rome. Pétrarque apprit

---

[1] *Famil.*, IX, 3.

à Gênes que si Rienzi était encore debout au
Capitole, il était tombé dans l'estime des
honnêtes gens par le ridicule, la lâcheté et le
meurtre d'Etienne Colonna. Il lui écrivit
aussitôt ces sévères et justes paroles, qu'on doit
placer, pour son honneur, à côté de ses premières félicitations au tribun :

« Vous m'obligez à vous appliquer ce mot
« de Cicéron à Brutus : « Je rougis de vous. »
« Vous étiez le protecteur et l'appui des gens
« de bien, vous allez devenir un chef de bri-
« gands. Quel renversement subit et ines-
« péré!... Je ne puis changer les destins : les
« choses de ce monde ont leurs décrets éter-
« nels. Mais à Dieu ne plaise que mes yeux
« voient ce changement! Je courais vers vous;
« je prends une autre route. O Rome, je te dis
« un long adieu... Pour vous, sachez que la
« licence d'aucun siècle, aucune coutume,
« aucune liberté n'excusent de crime celui qui
« trahit sa patrie. Oh! j'espère encore que les
« renseignements qu'on m'a donnés seront
« faux; que s'ils sont vrais, comment expierez-

« vous votre forfait? L'infamie comme l'hon-
« neur a son immortalité[1]. »

Pétrarque resta pendant quatre ans en Italie
(1348-1351), allant de Parme à Vérone, de
Vérone à Padoue, de Padoue à Mantoue;
visitant Rome, Florence et la petite maison
d'Arezzo, où il était né; recevant partout, des
princes et du peuple, l'accueil le plus flatteur.
A Parme, il apprit, en 1348, la mort de Laure,
emportée le 5 avril par la peste, qui ravageait
tout le midi de l'Europe. On sait avec quelle
émotion il écrivit ces dates sur la marge du
Virgile qu'il lisait, quand il reçut la fatale
nouvelle. On sait aussi avec quelle ardeur il
distribua des aumônes, fit dire des prières et
des messes pour le repos de cette âme bien-
aimée. A Rome, en 1350, année du jubilé, il
se rendit tout à fait à l'appel de Dieu. Dans sa
vieillesse, Pétrarque écrivit à Boccace : « Je
« remercie Dieu dont la miséricorde va

---

[1] *Famil.*, VII, 7.

« m'affranchir des chaines de ce corps mortel.
« Quant aux misères de l'amour sensuel,
« Notre-Seigneur m'en a délivré depuis long-
« temps, mais surtout depuis le jubilé, il y a
« dix-sept ans. Quoique je fusse alors dans la
« vigueur de l'âge, cette passion m'abandonna
« tellement, qu'elle m'inspira incomparable-
« ment plus de dégoût qu'elle m'avait donné
« de plaisir. Toutes les fois que je me rappelle
« ces égarements, je frissonne de douleur et de
« honte. Il sait que je dis vrai, le Christ, mon
« libérateur, que j'ai prié souvent avec larmes,
« et qui me prenant par la main dans l'abîme
« de mes angoisses et de mes péchés, m'a
« attiré jusqu'à lui [1]. »

En 1351, tandis qu'il s'occupait à Padoue à revoir et à classer sa vaste correspondance et ses nombreux récits, Boccace vint lui annoncer de la part des Florentins la restitution de son patrimoine et lui offrit une chaire dans

[1] *Senil.*, VIII, 1.

l'Université, que sa patrie venait de fonder. Pétrarque accepta avec empressement l'offre de ses compatriotes. Après cette grande joie, il éprouva tout à coup une grande mélancolie. C'est le propre des âmes qui sentent vivement, de connaître ces changements soudains. Un instant Pétrarque ivre de bonheur se vit dans Florence professeur applaudi, ami recherché, citoyen honoré ; puis l'image de ces triomphes s'évanouit, son enthousiasme tomba, il détourna ses regards du petit champ de ses pères ; il n'eut plus qu'un désir : revoir Vaucluse et se cacher dans ce désert. Il écrivit à Boccace, qui venait de le quitter :

« Vous ne recevrez plus de mes nouvelles
« jusqu'à ce que je sois au delà des Alpes.....
« C'est là où je voudrais que le ciel m'accordât
« de finir mes jours. Ce site manque de beau-
« coup de choses dont notre amour du bien-
« être ne peut se passer, et que la ville nous
« offre en abondance, mais on y trouve ce que
« la ville ne peut nous fournir et ce que j'estime
« par-dessus tout : la liberté, le repos, le

« silence, la solitude [1]. » Il écrit à un autre de
ses amis : « Apprenez, par mon exemple,
« combien la volonté humaine est changeante,
« mobile, combien les projets d'avenir que
« nous formons, sont incertains, surtout quand
« on est aussi éloigné que je le suis de la
« sagesse. Voilà que je suis pris d'un impé-
« tueux désir de revoir mes collines, mes
« antres, mes bois et mes rochers retentissants
« de la Sorgue. Sur le penchant de l'âge, je
« retourne aux lieux où j'ai été enfant, homme
« mûr, et où j'avais résolu de ne plus revenir.
« Le charme de ces lieux m'a ressaisi tout à
« coup, et je n'ai pu résister à un mystérieux
« entraînement. Ce n'est pas l'espérance qui
« m'y attire, ni la nécessité, ni le plaisir, si ce
« n'est celui que donne le désert ; ce n'est pas
« l'amitié, le plus honnête des sentiments qui
« puissent déterminer les hommes. Quels amis
« pourrais-je avoir dans cette retraite sauvage

____

[1] *Famil.,* XVI, 1.

« où le nom même d'amitié n'est pas connu ?
« Ses rares habitants, occupés de leurs vignes,
« de leurs oliviers ou de leurs filets, ne
« peuvent avoir avec moi aucun commerce
« agréable. Je sais où je vais, ce que j'aban-
« donne et ce qui m'attend. Mon excuse est
« dans l'amour, mais dans le seul amour du
« repos et de la solitude. Trop connu dans
« ma patrie, flatté jusqu'au dégoût, je veux me
« cacher, vivre seul, sans gloire, inconnu.
« Etrange désir qui sera peu compris, pourtant
« c'est ainsi..... Permettez-moi de revoir les
« petits jardins que j'ai créés de mes mains, et
« ces montagnes, ces eaux, ces ombrages
« si favorables à mes études, enfin mes livres
« trop longtemps renfermés dans la nuit et la
« poussière de mes coffres [1]. »

VI

Le 21 juin 1351, Pétrarque entrait en
France par le mont Genèvre ; de l'auberge

[1] *Famil.*, XI, 12.

même de ce passage il écrivait à Jean d'Arezzo :
« Vous viendrez me rejoindre à la source de la
« Sorgue, site toujours admirable, et toujours
« enchanté[1]. » Cependant, à mesure qu'il
approchait de Vaucluse il se sentait comme
étranger à ces lieux bien-aimés. Quand il se
trouva au milieu de sa solitude, le charme
d'autrefois avait disparu. « O caduques espé-
« rances ! se disait-il. O folles pensées ! les
« herbes sont veuves et les ondes ont perdu
« leur limpidité[2]. » Descendant alors dans son
cœur, il comprit le mystère : il ne revoyait
plus Vaucluse au même soleil. « O mes yeux,
« s'écriait-il, notre soleil s'est obscurci[3] », et
il ajoutait ces chrétiennes paroles : « Cher-
« chons le ciel, puisqu'ici-bas rien ne nous
« plaît[4]. »

[1] *Famil.,* VI, 9.
[2] Sonnet 279.
[3] Sonnet 234.
[4] Sonnet 227.

8.

Mais Socrate était à Avignon, Cabassole à
Cavaillon, et ces deux amis, qu'il avait pré-
venus de son arrivée, vinrent bientôt l'arracher
à la tristesse de ses premières impressions.
D'ailleurs, Pétrarque ne tarda pas à reparaître
à la cour pontificale et à prendre une part plus
ou moins directe aux questions politiques
du moment. Mais, comme par le passé, il
quittait souvent cette atmosphère brûlante où
s'amoncelaient des orages, que ses railleries
contre les médecins ignorants de Clément VI
allaient bientôt déchaîner sur sa tête. Aux premiers jours d'avril il était dans sa chère
retraite ; ces jours, l'amour et la mort les
avaient consacrés, et il se plaisait à les passer
loin du bruit et de la foule. Tout entier à ses
souvenirs sanctifiés par la pénitence, il par-
courait les coteaux de Vaucluse et les bords de
la Sorgue ; il s'entretenait avec les arbres, les
fleurs, le vent et les eaux dans cette langue
mystérieuse dont les âmes poétiques, dans
le grand sens du mot, ont seules le secret.
Ce n'était plus pour leur raconter les joies

et les douleurs terrestres de sa passion.
C'était pour leur dire que dans la voix
plaintive de leurs rameaux, il entendait
ces paroles de Laure : « Pourquoi verser
« tant de larmes ? la mort m'a rendue
« immortelle et mes yeux qui ont paru se fer-
« mer, se sont ouverts à une lumière qui ne
« s'éteint jamais » ; qu'à travers leurs parfums,
son cœur sentait un attrait divin qui l'empor-
tait loin des plaisirs de ce monde ; qu'à travers
les splendeurs de ces nuits de printemps, il
entrevoyait d'autres cieux où vivent les âmes
bienheureuses. Ainsi c'est au ciel que l'amour
de Pétrarque, commencé sur la terre, poursuivi
dans les plus hautes régions de l'âme, s'achève
et se consomme. Pourquoi faut-il que la haine
des hommes, les tristes et vulgaires réalités de
la vie viennent troubler nos heures les plus
douces ?

C'est au milieu des émotions purifiées de cet
anniversaire, de ces ardentes aspirations vers
les régions éternelles, de ce saint colloque à
travers la nature avec un monde invisible, que

Pétrarque apprit les calomnies dont les médecins de Clément VI essayaient de noircir sa réputation. Gui de Chauliac, au nom de ses confrères, lança contre lui un lourd pamphlet, vrai chef-d'œuvre de diffamation. Le solitaire répondit, et sa réponse à *un Médecin impudent et insensé* l'entraîna dans de vives polémiques. Il eut à défendre sa foi religieuse contre des gens appartenant à cette petite race d'esprits chagrins qui se prétendent seuls orthodoxes, et anathématisent quiconque n'appartient pas à leur école. Cependant Clément VI, modéré par caractère et par politique, ne cessait d'entourer Pétrarque d'estime ; il lui offrit pour la seconde fois la charge de secrétaire apostolique. Pétrarque refusa encore, pensant « que des « richesses acquises aux dépens de la liberté, « sont une vraie misère, et qu'un joug d'or « ou d'argent ne lui convenait pas davantage « que s'il était de bois ou de plomb [1] ».

----

[1] *Famil.*, XIII, 4.

Pétrarque n'avait pas à se défendre seulement contre les faveurs pontificales, mais encore contre une popularité toujours croissante. Il lui arrivait tous les jours de Provence et d'Italie, de France, d'Allemagne, d'Angleterre et de Constantinople une quantité de lettres et de vers, que lui adressaient les nombreux admirateurs de son génie. Avignon et la cour romaine se distinguèrent dans cet engouement pour le poète et pour la poésie. Les jurisconsultes et les médecins, oubliant Justinien et Esculape, ne voulurent plus entendre parler que d'Homère et de Virgile ; les laboureurs, les charpentiers, les maçons laissaient leurs outils pour manier la lyre. Pétrarque se reprochait d'avoir contribué par son exemple à ce mouvement qui ne produisait que des rimailleurs. Tourmenté jusque dans sa maison, lorsqu'il était à Avignon, il n'osait mettre le pied dehors. Des fanatiques s'emparaient de lui, l'accablaient de questions, péroraient, affirmaient les plus étranges absurdités, et finissaient par se disputer entre eux. Tous ces détails se trouvent dans une lettre que Pétrarque termine ainsi :

« Je suis à la fontaine de Vaucluse, et,
« quoique depuis mon enfance j'y aie passé de
« longues années, soit que l'air rende ici les
« esprits peu susceptibles de recevoir les
« impressions étrangères, soit que les rochers
« de la vallée en défendent l'approche aux nou-
« veautés, personne, par mon contact, n'est
« encore devenu poète. Il n'y a que mon fer-
« mier qui commence dans son extrême vieil-
« lesse à rêver sur le Parnasse. Si le mal
« s'étend, c'en est fait : les bergers, les
« pêcheurs, les chasseurs, les laboureurs, les
« bœufs eux-mêmes ne feront que mugir et
« ruminer des poèmes [1]. »

En quittant l'Italie, Pétrarque avait dit à ses
amis qu'un des plus puissants motifs qui le
ramenaient à Vaucluse, était l'espérance de
pouvoir mettre la dernière main à ses ouvrages
dans le lieu même où il les avait commencés [2].

---

[1] *Famil.*, XIII, 7.
[2] *Famil.*, XI, 12.

Agé de quarante-huit ans, dans la plénitude de ses forces intellectuelles, arrivé à ce point de la vie où il voyait derrière lui la boue et la poussière, les frimas et les brûlantes ardeurs que son orageuse jeunesse avait traversés, et devant lui, la vieillesse et ses ombres, il voulait se recueillir un instant, travailler encore, car le jour baissait, et il désirait s'assurer avant la nuit un repos dans lequel il n'aurait plus qu'à jouir des fruits de son génie laborieusement cultivé [1]. En possession d'une science qui étonne ses contemporains, il continue à travailler avec l'activité de ses premières années. Le jour, sous les arbres de la vallée, sur le sommet de la colline ; la nuit, dans sa petite maison sur un siège boiteux et grossièrement façonné par un bûcheron de la montagne, il médite, il écrit [2]. Dans un temps où les questions divisées à l'infini se soulevaient

[1] *Famil.,* XII, 7.
[2] *Famil.,* XV, 3, 13, 4.

comme la poussière sous les pas des lutteurs,
alors que la métaphysique se perdait dans une
ontologie inféconde, où les formalités, les hæc-
céités et autres créations capricieuses de l'enten-
dement humain prenaient la place qui appartient
aux vivantes créations de Dieu [1], Pétrarque se
donnait l'honneur et la joie de s'appliquer,
comme il l'avait toujours fait d'ailleurs, à
l'étude des vivantes créations de Dieu. « J'aime
« avant tout la philosophie, écrit-il à son frère,
« mais non pas cette philosophie scolastique,
« bavarde et vaine, dont nos savants ont la sottise
« de s'enorgueillir. J'aime mieux cette philoso-
« phie vraie qui n'est pas seulement dans les
« livres, mais qu'on trouve dans l'âme, dans les
« êtres de la création, et non pas dans les mots [2]. »
Pourtant, cette connaissance psychologique et
expérimentale de l'homme et du monde ne lui

[1] Bacon *(De Dignitate et Augmentis scientiarum)* cité
par Ozanam, *Philosophie du Dante*, p. 91.
[2] *Famil.,* XII, 3.

suffisait pas ; et, tandis qu'autour de lui le
pédantisme des maîtres « changeait la théolo-
« gie en dialectique [1] », il s'élevait jusqu'à cette
science de Dieu aux vastes horizons. Dans
ces grandes études, la poésie, cette gloire de sa
jeunesse, cette consolation de ses jours assom-
bris par la perte de ses meilleurs amis, n'est
pas oubliée. Au contraire, et nous voyons
encore ici le progrès qu'a fait Pétrarque dans
sa manière large et simple d'entendre les
choses. Il ne réduit pas la poésie à l'art vulgaire d'aligner, selon certaines règles, des
paroles harmonieuses et colorées ; il place la
poésie à côté de la théologie ; il aime à chercher les rapports d'origine et de langage qui
les unissent. Il faut lire dans sa correspondance cette belle page d'une de ses lettres à son
frère Gérard, où il montre comment les premiers poètes ont été les premiers théologiens
de l'humanité, où il analyse les beautés poé-

[1] *Famil.*, X, 5.

tiques des saintes Ecritures et en particulier du Psautier, qu'il nomme le poème du Christ[1].

Cette vie de travail, qui ne surprenait pas Vaucluse accoutumée depuis longtemps aux habitudes studieuses de son hôte, était soutenue par une vie de prière et de pénitence dont l'austérité était toute nouvelle. Déjà, il est vrai, dans son dernier séjour à Vaucluse, il s'était livré aux pratiques de la piété chrétienne. Cependant, ce n'est que dans cette dernière retraite sur les bords de la Sorgue, qu'il donna au monde le spectacle d'une mortification qui étonne. Il écrivait à un de ses plus chers amis, François Nelli :

« ...J'ai déclaré la guerre à mon corps. Que
« Celui sans le secours duquel je succomberai,
« me vienne en aide, et j'espère traiter ma
« bouche, ma langue, mes oreilles et mes
« yeux, non pas comme mes sens, mais
« comme des ennemis sacrilèges ; car, en

---

[1] *Famil.*, X, 4.

« vérité, ils sont cause de toutes mes chutes.
« Mes yeux surtout m'ont entraîné dans toute
« sorte de précipices. Maintenant ils ne voient
« plus que le ciel, la montagne, la rivière. Je
« n'ai ni or, ni ivoire, ni pourpre, ni équi-
« pages, excepté deux maigres chevaux que
« j'ai gardés avec un seul domestique, pour
« mes petites courses dans le voisinage. Enfin,
« la seule femme qui s'offre à mes regards,
« est ma fermière, sèche et brûlée comme les
« déserts de la Lybie et de l'Ethiopie. Si
« Hélène avait eu son visage, Troie subsisterait
« encore... Mais ses mœurs méritent d'autres
« louanges que sa beauté. Son âme est aussi
« blanche que sa figure est noire... Rien de
« plus fidèle, de plus soumis, de plus labo-
« rieux. Elle passe les journées entières dans
« les champs, pendant que les cigales mêmes
« ont peine à supporter les ardeurs du soleil ;
« sa peau endurcie brave les plus fortes cha-
« leurs. Cette petite vieille, en rentrant le soir,
« emploie aux ouvrages de la maison une
« activité qui ne laisse rien soupçonner des

« fatigues qu'elle vient de supporter : on dirait
« une jeune fille sortant le matin de sa
« chambre. On ne l'entend jamais se plaindre ;
« on ne la surprend jamais de mauvaise
« humeur. Elle n'oublie qu'elle-même et
« donne les soins les plus utiles à son mari, à
« ses enfants, à mes domestiques et à mes
« hôtes. Elle n'a d'autre couche que des sar-
« ments. Elle ne mange que du pain noir et
« terreux et ne boit que du vinaigre... C'est
« ainsi que je mortifie mes yeux. Que dirais-je
« de mes oreilles ? Je me prive des chants, des
« doux accords de la flûte et de la lyre qui me
« ravissent. Les vents ont emporté ces harmo-
« nies qu'ont remplacées les mugissements des
« bœufs, le bêlement des troupeaux, le ramage
« des oiseaux et le murmure de la fontaine. Et
« ma langue ? autrefois elle tenait des discours
« qui m'encourageaient, moi, et les autres
« aussi peut-être ; maintenant elle se tait du
« matin au soir ; elle n'a personne à qui parler.
« Quant aux plaisirs de la table, voici ce que
« je me permets : Le pain de mon bouvier me

« suffit, et souvent je m'en régale. Lorsqu'on
« m'apporte du pain blanc, je le donne. Mon
« fermier me reproche la vie que je mène, elle
« est trop dure, dit-il, pour que je puisse la
« supporter longtemps. Pour moi, je pense,
« au contraire, qu'il est plus aisé de supporter
« plus longtemps une nourriture grossière que
« des mets recherchés... Des raisins, des
« figues, des amandes, des noix : voilà mes
« délices. J'aime aussi les petits poissons de la
« rivière : j'aime surtout à les voir prendre. Je
« contemple les pêcheurs attentivement, et
« quelquefois je jette moi-même le filet et
« l'hameçon. Parlerai-je de mes habits et de
« mes souliers ? Ce n'est plus cette ancienne
« élégance par laquelle je voulais me donner
« la satisfaction de me distinguer de mes amis.
« Vous me prendriez pour un laboureur ou
« un berger. Ce qui plaît d'abord, déplaît dans
« la suite. Puis à quoi bon me parer ? Mes
« liens sont brisés, les yeux que je voulais
« charmer sont fermés ; seraient-ils ouverts, ils
« n'auraient plus sur moi leur empire accou-

« tumé... Que dire de ma demeure ? la maison
« de Caton ou de Fabricius était semblable à
« celle où j'habite avec un chien fidèle et deux
« serviteurs seulement, ayant envoyé les autres
« en Italie[1]. »

Il se lève à minuit, récite son office, médite
les saintes Écritures, et si, dès l'aurore, il
parcourt les monts arides, les vallons humides,
si même il va s'asseoir, aux clartés mysté-
rieuses de la lune, dans la grotte supérieure de
la source, sa pensée s'entretient encore de Dieu
ou de quelque problème de philosophie morale[2].
Veut-on mesurer à quelles hauteurs chrétiennes s'éleva l'âme de Pétrarque dans cette
sérieuse et austère solitude, qu'on lise les
lettres datées de Vaucluse, qu'il écrivit à cette
époque. On trouve dans plus d'une l'accent et
le style de saint Jérôme. Ne croirait-on pas
entendre un écho des paroles du grand solitaire de Bethléem à Népotien, dans ces exhor-

---

[1] *Famil.*, XIII, 8.
[2] *Ibid.*, XV, 3.

tations que Pétrarque adressait au cardinal de Talleyrand :

« ...Etalez au dehors les pompes de votre
« rang, mais cachez l'humilité au fond de votre
« âme. Fréquentez la Cour, mais vivez en
« esprit dans le désert. Aimez la pauvreté au
« milieu des richesses, la mortification au
« milieu des festins. Que l'or brille sur votre
« table, les pierreries à vos doigts, mais que le
« mépris de ces choses brille d'un plus vif
« éclat dans votre cœur. Que votre corps
« soit revêtu de pourpre et votre âme
« d'un cilice. Quand vous montez votre
« cheval couvert de superbes ornements,
« rappelez-vous l'humble monture du Sei-
« gneur ; pensez aux pieds meurtris des
« apôtres ; pensez à la couronne d'épines de
« Jésus, quand vous posez sur votre tête le
« brillant chapeau rouge, et à son tombeau,
« quand vous êtes mollement étendu dans
« votre lit doré[1]. »

---

[1] *Famil.*, XIV, 3.

Il écrivait encore avec la même couleur de style et la même mysticité de pensée :

« ...Au milieu de cette agitation universelle,
« qui bouleverse l'Europe, que vous reste-t-il à
« faire ?... Ne trouvant dans le monde aucun
« lieu de repos et de tranquillité, retournez
« dans votre demeure, rentrez en vous-même...
« si vous êtes avec vous-même, vous ne serez
« pas seul, croyez-le ; au contraire, si vous
« sortez hors de vous-même, seriez-vous
« dans une grande foule, vous seriez seul.
« Faites-vous dans le fond de votre âme une
« solitude où vous vous cacherez, où vous
« goûterez la joie et le repos sans que personne
« vienne vous troubler, où le Christ habitera
« avec vous, le Christ qui, par le sacerdoce,
« vous a donné dans votre jeunesse l'honneur
« de devenir son hôte et son sanctuaire[1]. »

Pétrarque ne se contente pas de donner de beaux conseils à ses amis. Quand le malheur

---

[1] *Famil.*, XV, 7.

les frappe, il mêle ses larmes aux leurs avec
une tendresse qui sait trouver les consolations
les plus délicates et les plus pieuses. Quand il
les sait dans le besoin, il se démet en leur
faveur de ses bénéfices [1]. Sa sollicitude s'élève
et s'étend : il déplore les malheurs qui pèsent
sur toutes les nations chrétiennes, il voudrait
voir la papauté revenir à sa simplicité primi-
tive et à son antique siège. Si sa parole
s'empreint, lorsqu'il traite ce sujet, d'une
amertume et d'une violence qui ne lui sont
pas habituelles, il faut se rappeler que cette
hardiesse de langage se conciliait avec la foi
religieuse la plus soumise; il faut se rappeler
aussi que Pétrarque ne pardonnait pas aux
papes et aux cardinaux leur origine française,
leur séjour à Avignon et leur politique. Il fut
un patriote exclusif, il ne fut point un pam-
phlétaire hérétique; il donne la main à Dante,
il la refuse à Ulrich de Hutten. Il contribua

[1] *Famil.*, XIV, 3, 4.

cependant, par ses invectives passionnées
contre les prétendus vices de la cour pontificale, à diminuer le prestige dont les papes
étaient entourés. Ce fut une grande faute, car
du mépris de la personne, on passe vite au
mépris de l'autorité : c'est ce qui arriva pour
le malheur du monde. Pétrarque était mieux
inspiré en essayant, du fond de sa retraite, de
réconcilier les Génois et les Vénitiens toujours
en guerre. « Comme homme, disait-il, je puis
« être touché des malheurs de l'humanité ;
« comme Italien, je dois être sensible aux
« calamités de ma patrie [1]. »

Cette existence consacrée tout entière à
l'étude, à la religion, à l'amitié, au patriotisme
aurait dû remplir l'âme de Pétrarque. Hélas !
c'est la misère de l'homme de ne pouvoir
jamais goûter la joie dans sa plénitude. Mieux
que personne, Pétrarque connut l'inexorable
ennui de la vie humaine. Nous l'avons entendu,
quand il quittait l'Italie, assurer à ses amis

----

[1] *Famil.*, XIV, 5, 6.

qu'il allait s'enfermer à Vaucluse pour y finir
le reste de ses jours ; il leur avait vanté les
charmes de sa fontaine, de ses montagnes, de
ses bois, de ses livres. Et voilà que quelques
mois après, il dit adieu à ce vallon enchanteur,
il met dans ses coffres ses livres avec ses
ouvrages ébauchés, et reprend la route des
Alpes. Il voulut cependant se rendre à Cavaillon
pour embrasser Cabassole qui était malade.
Or, tandis que Pétrarque et Philippe passaient
la nuit dans les douceurs d'un dernier entretien, un orage éclate, la Durance déborde : il
est impossible d'aller plus loin. Pétrarque
accusa l'amitié de Cabassole d'avoir renouvelé
le miracle de l'amour fraternel de saint Benoît
et de sainte Scholastique. En même temps,
les domestiques de l'évêque lui apprirent que
des brigands ravageaient les environs de Nice
et tenaient toutes les Alpes. Tant d'obstacles
lui firent comprendre « que Dieu n'approuvait
« pas son voyage, et il se fit un point de
« religion d'y renoncer [1] ». Il retourna à Vau-

[1] *Famil.*, XV, 2.

cluse, triste, obsédé de noirs pressentiments que les événements allaient justifier.

En effet, Clément VI mourut le 6 décembre 1352 et eut pour successeur Etienne Aubert, qui prit le nom d'Innocent VI. Le nouveau Pontife n'était pas des amis de Pétrarque, qu'il croyait magicien, singulière opinion qu'il tenait du vieux cardinal du Pouget. Ce qui contristait encore plus Pétrarque, c'était de revoir sur le siège de saint Pierre un Limousin, ennemi né de la politique italienne et romaine. Aussi s'enferme-t-il avec une nouvelle passion dans sa solitude et dans son obstination à refuser toute dignité. Plusieurs fois ses amis, les cardinaux de Talleyrand et de Bologne, le pressèrent de venir rendre ses hommages à Innocent VI. Il résista à toutes leurs prières. Un jour il se laisse traîner, c'est son expression, aux pieds du Souverain Pontife. Mais, à peine est-il à Avignon, qu'il apprend la mort de son fermier, Raymond Monet, il retourne aussitôt à Vaucluse, après avoir envoyé aux cardinaux ces touchantes excuses :

« ...Ma bibliothèque a perdu son gardien.
« Mon fermier était un enfant des champs,
« mais il avait plus de prudence qu'on n'en
« trouve souvent dans les villes. J'estime que
« c'était le plus fidèle serviteur que la terre ait
« jamais porté... Je lui avais confié tout ce que
« j'avais de plus cher et tous les livres que j'ai
« en France. J'ai été absent longtemps ; à mon
« retour je n'ai rien trouvé, parmi tant de
« volumes différents, non seulement d'égaré,
« mais même de dérangé. Il n'était pas lettré
« et aimait les lettres. Il soignait avec une sol-
« licitude particulière les livres qu'il savait
« m'être les plus chers. Un long usage lui
« avait appris à distinguer par lui-même les
« ouvrages des anciens et à reconnaître mes
« petits opuscules. Il était tout joyeux lorsque
« je lui confiais un livre; il le pressait en sou-
« pirant contre sa poitrine; quelquefois il
« appelait l'auteur à voix basse et, chose éton-
« nante, à le voir on aurait dit que la vue
« seule, ou le seul contact d'un livre le rendait
« plus savant et plus heureux. Tel est le servi-

« teur avec lequel j'ai passé quinze ans, lui
« faisant part de mes plus secrètes pensées,
« comme à un prêtre de Cérès, et regardant sa
« maison comme le temple de la bonne foi. Je
« le laissai avant-hier légèrement malade pour
« me rendre à vos ordres. Il avait une de ces
« vieillesses que Virgile appelle vertes et
« fraîches. Il m'a quitté hier soir pour passer
« au service d'un meilleur Maître. Puisse ce
« nouveau Maître lui accorder, après toutes
« ces fatigues corporelles, le repos de l'âme !
« Il n'a demandé à Dieu qu'une chose, ne la
« lui refusez pas, ô Christ ! Il a demandé
« d'habiter non dans ma demeure, mais dans la
« maison du Seigneur pour y passer cette vie,
« qui ne sera plus sujette à la mort, pour y con-
« templer la présence si douce du Sauveur,
« pour parcourir ces parvis sacrés. C'est là où
« il doit marcher, et non pas à travers mes
« champs, au milieu desquels il a supporté
« pendant de si longues années le froid et la
« chaleur. Il s'est fatigué à mon service, qu'il
« se repose au vôtre, je vous en prie, ô mon

« Dieu ! Mon domestique en m'apportant au
« milieu de la nuit la triste nouvelle de sa
« mort, m'a dit qu'il avait expiré en m'appelant
« souvent par mon nom, et en invoquant avec
« effusion le nom de Jésus-Christ. Je suis
« désolé, bien que son âge m'eût déjà averti
« que je le perdrais bientôt. Il faut donc que
« je retourne à Vaucluse. Donnez-m'en la per-
« mission, illustres Prélats ; laissez partir un
« homme qui vous est inutile : il est nécessaire
« à son champ, et plus encore à sa
« bibliothèque [1]. »

Une fois dans ce champ et auprès de cette
bibliothèque, Pétrarque résista aux nouvelles
instances que ses amis ne manquèrent pas de lui
faire pour le ramener à Avignon. Il leur répondit enfin avec une vivacité qui mit un terme à
leurs démarches : « Que voulez-vous que je
« fasse pour m'enrichir ? Que je prête à usure,
« que je commerce sur mer, que j'aille brailler

[1] *Famil.*, XVI, 1.

« dans le barreau, que je vende ma langue et
« ma plume ?... Je me trouve assez riche. »
Ses richesses sont celles d'un sage : son corps
dompté, et désormais esclave soumis de l'âme,
ses livres, l'amour de l'étude, ses amis, la con-
sidération publique ; elles suffisent à son
bonheur [1].

Pétrarque passa tout l'hiver 1353 à Vaucluse. Mais le voisinage d'Avignon lui était
devenu insupportable. Dès le printemps, il
songea à partir pour l'Italie, à dire un éternel
adieu aux bords de la Sorgue. Sa correspondance de cette époque nous apprend les motifs
qui lui dictèrent cette suprême résolution. Le
premier est cet amour du changement et ce
perpétuel besoin de voir des lieux nouveaux
qui le tourmentaient sans cesse. « De quelque
« côté que je me tourne, écrit-il au mois d'avril
« de cette année, je ne trouve que des pierres
« et des épines. Il serait bien temps d'aller

[1] *Famil.,* XVI, 3.

« dans l'autre monde, car je me trouve bien
« mal dans celui-ci. Est-ce ma faute ou celle
« des hommes, ou celle des lieux ? Peut-être
« de tous ensemble [1]. » Il écrivait encore
à la même date : « Je suis comme un
« homme couché dans un lit bien dur qui
« change souvent de place pour se soulager,
« quoiqu'il n'en trouve pas une bonne. Las de
« l'endroit que j'habite, je vais dans un autre
« qui ne vaut pas mieux, mais la nouveauté
« me le fait trouver agréable quelque temps, et
« je le quitte ensuite pour aller ailleurs. » Il
donne de ce besoin une raison se rapprochant
beaucoup de celle qu'en donnait la philosophie antique, qui la trouvait dans la commune
origine des âmes et des étoiles. « Dieu, dit-il,
« a créé l'âme de l'homme et l'a placée dans
« notre corps. Mais Dieu, au témoignage du
« Psalmiste, habite dans les cieux. Or les cieux
« ne sont-ils pas dans un mouvement éternel ?

[1] *Famil.*, XV, 8.

« C'est pourquoi il n'y a rien d'étonnant si
« nous avons quelque ressemblance avec la
« demeure de notre Créateur. Aussi les esprits
« les plus nobles ont-ils le désir inné de voir
« des lieux nouveaux et de changer de pays ;
« ce désir est invincible, et il y a une grande
« volupté à le réaliser ; je le sais par expé-
« rience[1]. » Le second motif qu'il donne à sa
résolution est plus sérieux. « Cette solitude, dit-
« il, convenait à merveille à mes études et à ma
« façon de penser. Nulle part plus de tran-
« quillité et de loisir ; mais le voisinage et
« l'odeur de cette cour qu'on appelle mal à
« propos romaine, puisqu'elle n'a rien de
« romain, me rend ce séjour insupportable. Je
« vois des orages se former, qui me menacent
« même dans ma retraite, sans parler des tem-
« pêtes passées dont les dernières agitations
« poursuivent ma barque jusque dans ce
« port[2]. » Ces derniers mots renferment une

[1] *Famil.*, XV, 5.
[2] *Ibid.*, XV, 4.

discrète allusion à sa vieille passion, dont le souvenir venait le troubler dans sa retraite et refroidir la ferveur de sa pénitence, comme autrefois le souvenir de Rome troublait Jérôme dans son désert.

Quant aux orages qu'il voyait près de fondre sur sa tête, Pétrarque les avait lui-même amoncelés par l'ardeur souvent injuste avec laquelle il avait critiqué la politique de la cour pontificale et la conduite des cardinaux, par ses satires contre les médecins et par la fierté de son caractère. Clément VI qui aimait Pétrarque avait empêché ces orages d'éclater : Innocent leur permit de se déchaîner. Ce pape regardait le poète admirateur et émule de Virgile comme sorcier. « Je suis parti sans le voir, écrivait « Pétrarque, quoiqu'on m'en ait prié plusieurs « fois et toujours en vain : je craignais de lui « faire du mal par mes sortilèges ou qu'il « m'en fît par sa crédulité[1]. » Décidé à fuir

_____

[1] *Senil.,* I, 3.

devant ces misérables colères, Pétrarque ne
sait trop où fixer sa demeure Où ira-t-il
porter ses livres, et à quel lieu demandera-
t-il la paix nécessaire à ses travaux littéraires,
aux religieuses aspirations de son âme ? Deux
fois il envoie des courriers en Italie pour
s'informer de l'état de sa patrie et savoir s'il
pourrait y trouver un coin de terre où ne
retentirait point le bruit des discordes civiles.
Il aurait voulu aller à Rome auprès de son
ami Lello, auquel il faisait part de ce projet
dans une lettre qu'il finit ainsi : « Si je ne puis
« fixer ma demeure nulle part, je resterai ici.
« Je vivrai seul et libre comme à présent, avec
« cette différence que maintenant j'ai toujours
« devant les yeux, le Tibre, le Pô, l'Arno,
« l'Adige et le Tessin, et que je ne verrai plus
« que la Sorgue. Je vivrai avec des paysans, je
« mourrai avec eux, je serai enterré à leur
« côté...¹ »

---

¹ *Famil.*, XV, 8.

Pétrarque ne réalisa pas ce vœu, où respire son âme simple et tendre, de vivre et de mourir sur les bords de la Sorgue, au milieu des paysans de Vaucluse, à l'ombre de ces bois, au murmure de ces eaux qu'il avait tant aimés, et entouré des plus doux souvenirs de sa vie[1]. Néanmoins, il ne se retira pas à Rome, soit que Lello lui eût répondu qu'il ne resterait pas longtemps dans cette ville, soit que les querelles toujours renaissantes entre le peuple et les seigneurs romains, l'eussent détourné de son dessein. Il cherchait ailleurs un séjour plus tranquille. Ses amis le savaient, et comme

---

[1] Pétrarque exprime encore ce vœu dans ces vers qu'il adressait, au courant de la plume, à Philippe de Cabassole :

Valle locus clausa toto mihi nullus in orbe
   Gratior aut studiis aptior ora meis.
Valle puer clausa fueram, juvenemque reversum
   Fovit in aprico vallis amœna situ.
Valle vir in clausa meliores dulciter annos
   Exegi, et vitæ candida fila meæ.
Valle senex clausa supremum ducere tempus
Et clausa cupio, te duce, valle mori.
                (Famil., XI, 4.)

il en avait partout dans le monde, les plus pressantes et les plus flatteuses invitations lui arrivaient de tous côtés. Nicolas Acciaiuoli, grand-sénéchal de Naples; le doge de Venise, André Dandolo, et le roi de France, Jean le Bon, lui offraient l'hospitalité. Pétrarque refusa toutes ces invitations, et sans projet arrêté, après avoir visité son frère à Montrieux, il quitta Vaucluse à la fin d'avril de l'année 1353 ; il ne devait plus y retourner.

Cependant il gardera toujours un souvenir ému de ce petit coin de terre. Pendant longtemps même il espérera venir réchauffer à son soleil les derniers jours de sa vieillesse. Tandis qu'il vivait à la cour de Milan, comblé d'honneurs par Jean Visconti, il allait quelquefois oublier les ennuis de la politique à Saint-Colomban, château fort bâti par Frédéric Barberousse, près du Sambro, dans une position ravissante d'où l'œil embrasse toute la Lombardie, des Alpes à l'Apennin. Un jour, au coucher du soleil, assis sur le gazon, au pied d'un grand châtaignier, il écrivait de

Saint-Colomban à Socrate et à Gui Settimo, qui lui avaient fait connaître leur projet de quitter Avignon pour aller se reposer quelque temps à Vaucluse :

« Je loue votre dessein. Si l'amour de la
« propriété et la force d'une vieille habitude
« ne m'aveuglent pas, cette campagne est bien
« le temple de la paix, le sanctuaire du loisir,
« du repos, de la tranquillité, du silence.
« A mon avis, nulle part l'esprit est mieux
« disposé à produire de belles choses, je le
« sais par expérience, si toutefois mon petit
« talent a jamais rien produit de beau ; nulle
« part l'âme accablée de soucis trouve une
« plus douce diversion à ses ennuis. Là, la
« solitude et la liberté, la joie pleine, la
« sécurité entière. On n'y entend pas ce bruit
« des affaires, des procès, des plaisirs, des
« armes, des défaites, des victoires, dont
« retentissent les villes. Des poissons argentés
« jouent dans une eau pure comme le cristal.
« Quelques bœufs mugissent çà et là dans les
« prés. Des brises salubres soufflent en passant

« à travers les rameaux des arbres. Les oiseaux
« chantent sous le feuillage, et si vous voulez
« me permettre de citer mes vers :

Nocturnum philomela gemit, flet turtur amicam;
Et nitido de fonte cadens et murmurat amnis.

« Allez donc à Vaucluse aussi souvent que
« vous pourrez. Croyez-moi, vous y trouverez
« un abri très sûr contre les orages de la cour
« où vous vivez. Usez de mes livres, qui
« pleurent leur maître trop souvent absent, et
« le gardien que la mort a ravi ; usez de mon
« petit jardin qui, selon moi, n'a pas son
« pareil au monde. Il implore vos soins et
« ceux de Socrate, afin que mon absence ne
« lui nuise point. Je vous indiquerai le
« moment le plus favorable pour planter et
« semer. Vous devriez donc faire quelques
« plantations, et si ma destinée me permet de
« passer à Vaucluse ma vieillesse, elle trouvera,
« grâce à vous, des ombrages plus beaux et
« plus épais. Usez de ma vigne et de mon

« verger, que j'ai cultivés de mes mains ; usez
« de ma petite maison et de mon lit qui,
« une fois à votre service, ne me regrettera
« plus [1]..... »

Pétrarque ne revit plus, même dans sa
vieillesse, cette solitude qu'il dépeint avec tant
d'amour à ses amis, mais son nom chéri se
retrouve sous sa plume dans les derniers mots
qu'elle traça. Dans son testament, il lègue sa
petite maison et son petit bien de Vaucluse à
l'hôpital du village, *pour le soulagement des
pauvres du Christ*, et, si la coutume s'oppose
à cette donation, aux fils de Monet, son ancien
et fidèle serviteur. Epuisé par le progrès d'un
mal implacable et par les austérités d'une vie
de plus en plus pénitente, sentant que le temps
de sa mort approchait, il félicite Philippe
de Cabassole, qui cependant le devança dans
la tombe, de n'avoir pas oublié dans sa brillante carrière « son petit évêché de Cavaillon,

[1] *Famil.*, XVII, 5.

« ces journées tranquilles, ces heures de
« loisir passées ensemble dans la solitude » ; il
lui rappelle « qu'ils restaient tout le jour dans
« le bois où les serviteurs, qui les cherchaient
« pour le souper, avaient de la peine à les
« trouver le soir : ils n'avaient pas songé au
« repas, et s'étonnaient que le jour eût fini si
« rapidement. Quel charme dans ces conver-
« sations où ils ne parlaient que de leur salut,
« de littérature et des événements mémorables
« de l'histoire, où passaient sous leurs yeux
« tous les pays et tous les siècles ! Ils étaient
« contents de leur destinée et méprisaient les
« choses périssables de ce monde[1]. »

Telle est la vivacité du souvenir que
Pétrarque garda de Vaucluse jusqu'aux approches de la mort. Aussi ces deux noms ont
traversé les siècles, unis dans une commune
immortalité. Et c'est encore sur les bords de
la Sorgue, plutôt qu'en tout autre lieu, que

[1] *Senil.*, XV, 5.

les admirateurs du grand homme viennent honorer sa mémoire. Hélas ! moins heureuse que le village d'Arqua, où Pétrarque mourut le 18 juillet 1374, et qui a conservé la demeure du poète, Vaucluse ne peut même montrer au voyageur les ruines de cette maison rustique où il passa de si longues années dans les tourments de l'amour, les joies de l'étude, les douceurs de l'amitié et les larmes du repentir. La poésie de ce site, le silence profond de sa solitude, la fraîcheur de ses ombrages, l'aspect reposant de ses longues prairies, son éloignement des centres populeux, si propice à la liberté, aux rêveries du cœur, aux méditations de l'esprit, ne se trouvent plus que dans les pages immortelles du *Canzonière*. Quatre siècles n'ont pas passé en vain sur ces lieux, et les révolutions, qui ont bouleversé les hommes, ont ajouté aux destructions du temps l'empreinte de la nouvelle société qu'elles ont enfantée. Les bois qui couronnaient les collines de Vaucluse, n'existent plus, et les rossignols, hôtes toujours nombreux de ce vallon, n'ont plus, comme aux jours de Pétrarque, les ombrages touffus où leurs phalanges harmonieuses aimaient à se cacher. Des éboulements considérables ont obstrué le sentier qui conduisait le solitaire à la caverne béante. La rivière a emporté ses jardins; les années ont renversé sa demeure : à peine peut-on en indiquer la place; le château seigneurial a été démoli; le village s'est agrandi; des maisons prétentieusement badigeonnées ont remplacé les chaumières des pêcheurs; des usines s'élèvent sur les rives de la Sorgue jusqu'au bord de sa source, et remplissent la vallée de leur bruyante activité. Cependant les grands rochers de Vaucluse sont toujours debout ; le ciel est toujours pur sur leurs cimes dentelées ; la source jaillit toujours de leur pied, et ses flots merveilleux n'ont point perdu leur incomparable transparence. Et lorsqu'on se trouve en présence de ces beautés qui survivent à tout, on aime à voir en elles l'image de ces gloires indestructibles de l'âme humaine :

l'amitié, le patriotisme, le culte des belles-
lettres, la religion, qui illustrèrent la vie de
Pétrarque et couronnent sa mémoire d'un
éclat immortel.

Rouen. — Imp. L. MÉGARD